スキャンダル除染請負人
田中優介
監修 田中辰巳
疑似体験ノベル危機管理
プレジデント社

スキャンダル除染請負人　疑似体験ノベル危機管理

目次

第一章　不倫未遂の罪——5
第二章　走る放射能カー——45
第三章　ストーカーにストーキング——79
第四章　クレーム対応の自動ブレーキ——115
第五章　亡霊による危機管理——151
第六章　企業内ウイルス——189
第七章　漏れた顧客のリスク——221
第八章　調書の短所と捜査の操作——259

装幀　岡 孝治

写真　stockphoto mania / Shutterstock.com

第一章　不倫未遂の罪

十一月中頃の金曜日。東京の空は澄み切って、秋冷を際立たせているかのようだった。金沢に本社を置く美容薬品の会社、マドファーマ製薬の二代目社長・三波聡は、東京の千代田区二番町にあるDCB社にタクシーで向かっていた。上智大学出身の三波にとっては馴染みのある地域であり、サプリメントの異物混入問題を起こした一年前にも一度訪れている。もっとも昨夜電話でアポイントを取り、ろくに眠れないまま始発の新幹線で金沢を出た三波には、懐かしむ余裕もなかった。

新宿通りを半蔵門から四ツ谷駅に向かうと、上智大学とベルギー大使館に挟まれた位置に、灰色の小さなDCB社の本社ビルが見えてきた。その場所からは、警視庁の本庁や裁判所が目と鼻の先だ。新聞社や出版社あるいはテレビ局など、主要なマスコミ各社にも近い。危機管理を生業とするDCB社にとっては、打って付けの立地だと改めて思いながら、新旧の建物が隙間なく建ち並ぶ街並みを眺めていた。

正面玄関に到着した三波は、受付の女性の案内で会議室と書かれた小部屋に通された。前回訪れた時の応接室とは違って、壁に囲まれた四畳半ほどのスペースに、四人掛けのスチール製の会議用テーブルとパイプ椅子が置かれただけ。絵も花も飾られておらず、会議室というよりも取調室のようだ。DCBという社名も、ダメージ・コントロール・ブレーンの略だと聞いたが、今考えてみると、なぜか無機質で温かみが無いように感じる。

創業者の社長と、約三百人いる社員の大半は警察のOB。警備業務や探偵業務では名が知られていたが、新たに危機管理のコンサル事業を立ち上げたという。それを機に、社名もシークレット・ブレーンからＤＣＢに変更。その事業の取締役でありチーフコンサルタントを務めるのが橘沙希という四十歳ほどの知的な女性で、異物混入問題の件では的確だが厳しい指導を受けた。そんなことを回想してみると、不安は一層募った。その上、その殺風景な部屋に寒さを感じたため、薄手のウールジャケットだけの三波は開けていた襟元のボタンを留めた。気温も低かったが、これから始まる会話の行方《ゆくえ》と、我が身を襲う今後の修羅場に怯えていたのかも知れない。

濃紺のパンツスーツに身を包んだ沙希は、電話口での三波の切迫した様子に胸騒ぎを覚えながら入室した。

「三波社長、お久し振りです。わざわざ東京までお越し頂いて恐縮です」

「いえいえ、東京にはよく来ますし、今回はちょっと……個人的な不祥事ですから当然です」

「狭い部屋で申し訳ありません。内密なお話だと伺ったので――」

立ったまま話していると、ドアがノックされ、受付の女性がお茶を運んできた。沙希が促すと、三波は椅子に腰を下ろしたが、二人きりになるまで口を閉ざしたままだった。その事から、改めて相談内容の秘匿性の高さが感じられた。

うつむき加減の三波が、七三に分けた前髪を手櫛で掻き上げながら、話しにくそうに切り出した。

「実は、女性絡みで……誠にお恥ずかしい話ですが、週刊誌に写真を撮られてしまったようでして……」

ピンと来た沙希は、思わず三波から顔をそむけてしまった。不倫に強い嫌悪感を抱いているからだ。

取り繕うように、内ポケットから急いでペンを取り出し、「どこですか？」と聞いた。

「京都です」

「いえ、週刊誌の名前です」

「あっ、すみません。週刊春秋です」

——難敵だ。

スキャンダル報道が得意な春秋が相手では、より対応が難しい危機となると即座に判断した。

「取材は来ているんですか？」

「は、はい。詳細な日時と場所まで示して、事実関係を確認したい、と」

「では、起きたことを５Ｗ１Ｈ、つまり、いつ、どこでというように詳しく教えて下さい」

「あっ、はい。先週の日曜日、場所は先に申し上げましたが京都です。相手はホワイトイーグルス
——女子サッカーの吉田茜さんです」

「あぁ、日本代表にも選ばれた選手……物静かな印象がありますね」

「そうです。通称〝アイアンメイデン〟とも——」

「京都のどこで写真を撮られたんですか？」

沙希は取り調べのように、容赦なく質問を浴びせかけた。それは刑事時代の名残であり、悪い癖だと本人も自覚していた。

額の汗を拭いながら、三波はエクセレントというホテル名を答えた。

「有名な高級リゾートですね」

「はい。会員制のホテルです」

沙希は思わず眉をひそめてしまった。

「写真を撮られたとすると、入った時ですか？　ホテルの中ですか？　出た時ですか？」

「二人揃ったのは入った時なので。中は無いと思いますが、よく分かりません」

「そうですか……。翌朝の出の写真を撮られてなければ、言い逃れできます。泊まらずに帰ったと」

「出る時は別々でしたが」

「別々でも、撮られていれば、二人とも宿泊した証拠にはなってしまいます」

「うーん、気付きませんでしたが、撮られたかも知れません」

「立ち入った質問で恐縮ですが、お付き合いはいつ頃からですか？」

「お付き合いはまだ、というか、今回の旅行から始めるつもりで……」

「えっ？」

「試合前の激励会で知り合ってから何度か食事はしましたが、まだ男女の関係はありません。彼女が得点王に輝いたので、そのお祝いというか、慰労を兼ねた旅行でした」

「今回が初めてということですか？」

「それが、今回も彼女が怪我をしていたので、まだ何も無い関係です」

沙希は安堵し、「なるほど、未遂ということですね？」と、思わず刑事時代の用語を口にした。

「未遂？　確かに……、そうです、未遂です」

「怪我をしているのに、京都まで行ったんですか？」

「彼女、大阪のキンチョウスタジアムで親善試合があって、試合中に尾てい骨を痛めたんです。その帰りだったので」

尾てい骨と聞いて、沙希は危うく失笑しそうになった。肉体関係を持つには、あまりにも不都合な部位であり、哀れで滑稽な印象を受けたからだ。

「なるほど。それにしても、なぜ週刊春秋に狙われたんでしょう？」

「私も、それが不思議なんです。ネットであの日、彼女がエクセレントで男といるのを見た、という書き込みはありますが、それ以前のものはありませんので」

「う一ん。ひょっとしたら、流れ弾に当たったのかも知れませんね」

「流れ弾……ですか？」

「他を狙っていたカメラに、お二人が撮られてしまった、という意味です」

「確かに。あのホテルは有名人がよく使いますね。場所が良くなかったんですね」

沙希は、「後悔していらっしゃるのは……場所ですか？」と、たしなめるように聞いた。

すると三波は頭を掻きながら、バツの悪そうな表情を見せた。

そこまで話し終えると、沙希はペンを置いて背筋を伸ばし、コンサルにおける決まり文句で告げた。

「今回の危機。その本質から見てのリスクランクは、上から二番目のレベル六、すなわち、重篤な危機です」

原発事故の深刻度を表す尺度と同じように、リスクの度合いを七段階に層別したものだ。

三波は顔を上げて、「えぇっ！……そうなんですか」と小さく驚きの声を上げた。

「登場人物は有名人。場所も有名。不倫は旬な事案。ネットでの書き込みもある。しかも、御社の顧客は女性が多い。唯一の救いは未遂であること。従って、かなり厳しい展開になる事案です」

「やはり、そうですよね」と、三波は肩を落とした。

「彼女の側のマスコミ対応にも左右されます。失敗すれば騒ぎは大きくなります。しかし、批判の矛先は先方に向かい、こちらは助かります」

「彼女の所属チームは、個別の取材は拒否すると決めているようです」

「愚かですね。取材には丁寧に対応したほうがいいと思いますが」

「当社はホワイトイーグルスのスポンサーですから、うちの広報から先方に伝えておきます」

それを聞いて沙希は危機感を募らせた。

「えっ、スポンサーですか。それは良くない情報ですね」

「どうしてですか？」

「強い立場を利用して関係を迫ったと、邪推される可能性があります」

「とんでもないです！　スマホで時おりやりとりをしてきましたが、今回も彼女のほうから相談があると言ってきたんです」

「どんな相談ですか？」

「極秘の話ですが、チームの主要メンバー全員が、血液ドーピングをしているそうです。監督の指示で」

「血液ドーピング……聞いたことありますね」

「保管しておいた自分の血液を、試合の前日に輸血するんだそうです」

「あぁ、以前有名なトライアスロンの選手が問題になりましたね」

「そうです。貧血が改善され、スタミナが強化されるのだとか」

沙希は目を閉じ、思案を巡らせた後に告げた。

「ランクを訂正します。このスキャンダルはレベル七、すなわち最悪の危機です」

「…………」

「これは先手を打って謝罪会見をしたほうがいいですね」

三波は無言のまま、救いを求めるような表情で、沙希を見つめてきた。

この前日、三波はホワイトイーグルスの幹部とテレビ会議で話し合いをしたが、その場面が頭をよぎった。それは、今思えば、あまりにも能天気なものだった。

会議に参加したのは、チームの監督と広報責任者、および顧問弁護士とフロントと呼ばれる経営首脳陣だ。これまで不祥事とは無縁だったため、マスコミ対応の経験は乏しそうな面々ばかりだった。しかも、強気な性格の人物が揃っていた。

まず、顧問弁護士の『受ける義務は無い』との助言によって、週刊春秋からの取材は拒否と決めた。そして、テレビなどの後追い取材が殺到し、会見を余儀なくされた場合に備えて、吉田茜を守るための嘘や言い訳を練り上げたのだ。

三波は反論したかったが、立場柄何も言えなかった。だが、その内容には強い疑問を感じた。『部屋は別々に予約してあった。京都駅で偶然に会ったので、同じタクシーに乗ってホテルに向かった。京都へは女子高時代の友人に会うために行った。吉田は腰部を怪我しており、医師の診断書もある。そんな状態で性的な行為は不可能だから、不倫など無い』と主張することになったからだ。

まるで子供騙しのような内容であり、ダメージ・コントロールとは真逆だ。沙希からレベル七と言われ気後れした三波は、会議の詳細を沙希に報告できなくなってしまい、やむなく会議の決定事項だけを伝えた。

すがる表情の三波に、沙希はマスコミ対応の要点を意識的に厳しい口調で語った。

「第一に、嘘は絶対に言わないで下さい。新たな罪を犯すことになりますから。第二に、〝岸〟という発想を持って、誰に向かって謝罪すべきかを考えて下さい」

「……岸ですか？」

「そうです。加害者の岸と被害者の岸です。紙に書いてみましょう」

沙希はアシスタントである穂積孝一にドア越しに声をかけた。

「穂積くん。Ｂ４の用紙を持ってきて、同席して下さい」

穂積は待ち構えていたかのように、すぐに入室してきた。

武道の修練を積んできたという彼は、姿勢を正して一礼すると沙希の横に着席した。そして手慣れた様子で、用紙の左端に被害者、右端に加害者と記した。

それを見た三波が、恐る恐る聞いてきた。

「加害者の岸にいるのは……私ですね？」

「いいえ、社長だけではありません。社長が加害者の岸の一番右。すぐ左隣が吉田選手。その左隣が所属チームの監督やフロント。管理不行き届きがありますから」

「私は彼女に迷惑をかけたので、彼女は被害者かと思っていました」

「社長の奥様や、裏切られた気持ちのファンから見たら、彼女も歴《れっき》とした加害者ですよ。一番の被害者は三波社長の奥様です」

「私は会見の場で、家内に向けた謝罪の言葉を口にするのですか？」

「それは吉田選手の役割ですね。奥様には公の場では無く、家で謝罪して下さい。そして、お二人は日本中の主婦の皆さんにも謝罪をする必要があります」

「主婦の皆さんにですか？　何故ですか？」

「不倫に対する主婦の皆さんの嫌悪感や不安感には、極めて強いものがあります。しかも、有名人の不倫は、世間の不倫のハードルを下げる恐れもあります。主婦の皆さんからすれば、お二人は強い悪臭のする、心に有害なガスを撒《ま》き散らしたようなものなんですから」

はからずも沙希は、語気を強めてしまった。

それを聞いた穂積が、苦笑いをしていた。不倫の報道に嫌悪感を示す沙希の姿を、何度も見てきたからだろう。

穂積が書き上げた岸の構図を、沙希は三波の前に差し出した。

それを見た三波は、はっと気付かされたようだった。

「私は、ファンの皆さん、主婦の皆さん、所属チームのメンバーや株主や取引先、そして私の家内や家族、その全ての皆さんに謝罪しなければいけないですね」

「そうです。正しく罪を認識すれば、何を為すべきか見えてくる筈です」

「分かりました。その他に気をつけることがありますか？」

「謝罪会見では〝解毒〟という言葉を頭に置いて、解毒に徹して下さい。そのためには、次の言葉を絶対に使わないで下さい。遺憾・誤解・お騒がせし・知らなかった、の四つです。頭の字を一語ずつ繋げて〝イ・ゴ・オ・シまい〟と記憶して下さい。これを口にしたら、以後おしまいになると思って」

「以後おしまい、ですか。確かに……、どれも他人事《ひとごと》のような印象ですね。よく使っている会見や記事を目にしますが。肝に銘じておきます」

「それから、週刊春秋には、謝罪会見を行うので来て下さい、と回答しましょう。会見のタイミングは三日後の月曜日。春秋の記者が原稿を書き終える生原稿の締め切り日ですから」

「分かりました」

「できたら、同じ日に吉田選手が会見をやってくれるといいんですが……」

「彼女とは連絡が取れません。監督の命令で、私の番号を着信拒否にすると言ってましたので。うちの広報からチームの広報に、促してみます。うちもやるから、と」

「先方がやることになったら、その一時間後にやりましょう。少しずるい手法ですが」

三波は意図を測りかねたように、怪訝《けげん》な表情をした。

それを察した穂積が、横から補足を入れた。

「後出しジャンケンですね。チーム側の情報開示を確認した上で話せますので。それと、知名度の高い先方に記者が集まれば、こちらに来る人数は少なくなります。おそらく、先方の会見は、一時間では終わりませんから」

沙希は無言で頷いた。

結局、『当社の広報からの要請とネットでの情報の拡がりを受けて、チーム側は月曜日の午後一時から、大手町のパレスホテルでしぶしぶ謝罪会見を開くことにしたようです』と三波から報告があった。それを受けて、沙希は同じ日の午後二時から、五百メートルほど離れた日比谷の商工会議所本部で、三波社長の謝罪会見を開くことにした。沙希の目論《もくろ》み通りのスケジュールとなったが、たった一言の失言で、全てが台無しになる場合もある。こちらが慎重に計画を練っても、吉田茜の側をコントロールできない。そんな不安ともどかしさを抱えながらも、沙希は穂積とともに脚本作りに取りかかった。

その結果、謝罪会見までに、沙希は二つの課題を解決しておかなければならなかった。

最初の課題に取り組むため、土曜日の午後、沙希は金沢の兼六園の中にある時雨《しぐれ》亭に向かった。時雨亭の歴史は、一六七六年に加賀藩五代藩主・前田綱紀の建てた蓮池御亭《れんちおちん》に遡る。二〇〇〇年に再現され、現在は貸し切りの可能な甘味所となっている。柿葺《こけらぶ》きの数寄屋造で、離れと呼ばれる小さい茶室は、密会には打って付けだ。

その場所を選んで、沙希は三波社長の妻・陽子と対面した。

色白で繊細。まるで京人形を連想させる容姿の陽子は、緊張した面持ちで話の口火を切ってきた。

「橘さん、遠くからお越し頂いて申し訳ありません」

「いえいえ、実は私、石川県警の本部に勤務したことがありまして、懐かしいです」

「あら、そうですか。いつ頃ですか」

「三十二歳の時ですから、ちょうど十年前です」

「えっ、では今、四十二歳ですか？　私も同い年です」

「あぁ、そうですか。それならウシ年ですね？」

「だから……、おっとりしているというか、動きが遅いんです」

「私は、同じウシでも、闘牛に近いかも知れません」

沙希の言葉に、陽子は口元に手を当てて笑った。そこから陽子の緊張感は薄れ、沙希に親しみを込めた表情を向けてくるようになった。陽子は穴場の観光スポットを語り、好きな食べ物を沙希に聞いてきた。陽子が二人の共通点を探そうとしてくれているようだった。

茶室から見える兼六園の庭では、〝雪吊り〟と呼ばれる冬支度が始まっていた。木々を積雪の重量や吹雪から守るために、庭師が放射状に縄を張る作業をしているのだ。

その風景と甘い和菓子は、暫くの間、二人を憩いの時間へと誘《いざな》った。

だが、陽子は本題を忘れること無く、真剣な表情で沙希に聞いてきた。

「橘さん、貴女と話していると楽しくて、大切なお話を忘れてしまいそうです。今日は、どのようなご用件でいらしたんですか」

「実は、奥様にお願いがあって参りました」

「うちの愚か者のしたこと、本人から聞いています。本当に情けなくて、恥ずかしいです」

陽子は眉間に皺を寄せた。苦悩と悲しみに満ちた表情だ。

「お気持ち、お察し致します。しかし、ここは危機管理のコンサルタントとして、ご無理を承知でお願いしなければなりません」

「私は、何をすればいいのですか？」

「結論から申し上げますと、公式なコメントとして〝執行猶予に処す〟と発表して頂くことをお願いに参りました。ご主人への手紙という形で」

「執行猶予？　何の執行猶予ですか？」

「離婚というか、家から追い出すというか……」

「私は橘さんのように強い性格ではないので、そのようなことは端《はな》から考えていませんよ」

「そうですね。お会いして、そう思いました。私なら角で一突きです。闘牛ですから」

その言葉に陽子は、少しだけ表情を緩めた。

「沙希さん、と呼ばせて頂いていいですか」

「もちろんです。陽子さん」

「あなたを信じて、おっしゃるように致しますけど、一つだけ教えて下さい。私が〝執行猶予に処す〟というコメントを出す意味、というか理由を」

「それは……、陽子さんが一番の被害者だからです。その陽子さんが許すという姿勢を示したら、二番手以降の被害者も許す姿勢に傾いて行きます。大半の被害者が許す姿勢を示したら、マスコミは報道の意欲を失ってしまうものです」

「なるほど。分かりました。思春期の娘のためにも、早く収束して欲しいと思いますので」

陽子の理解と決断の速さに、沙希は驚いた。

「ありがとうございます。手紙は既に私が作りましたので、自筆のサインだけお願い致します」

沙希は安堵から胸を撫で下ろし、深々と頭を下げた。それは感謝よりも陽子の聡明さと母としての愛情深さに、敬意を表する気持ちからだった。

会話を終えた頃、庭師は後片付けを始めていた。

――私の〝雪吊り〟も、半分終わったな。

沙希はホッと一息ついた。


翌日、東京に戻った沙希は、さっそく残る半分の〝雪吊り〟に取りかかることにした。テレビ番組のレポーターをしている友人・栗田吉次との密談に臨んだのだ。

場所は、あえて大手町のパレスホテルを選んだ。翌日の月曜日の午後一時から、吉田茜が謝罪会見を開く場所だからだ。栗田に会場の様子を知ってもらう狙いもあった。

一階にある広い喫茶ラウンジに到着すると、栗田はカップの置かれた隅の席に座っていた。沙希は早足で席に向かった。コーヒーを半分ほど飲み終えていたことから、既に十分以上待っていると思われた。

「お待たせ。お早いですね」

「沙希さんの呼び出しですからね、遅れるわけにはいきませんよ」

「まぁ、お上手」

　そう言いながら沙希は金沢のお土産を差し出した。砂糖を雪のようにまぶしてある、ほのかに柑橘類の香りがする焼き菓子だ。

「あっ、これＹＵＫＩＺＵＲＩですね。最近、うちの番組でも取り上げてました」

「昨日、行ってきたのよ」

「県警ですか？」

「いいえ、兼六園」

「はぁ？　ご旅行ですか？」

「もちろん、仕事ですよ。明日に備えての」

「明日？　何かあるんですか？」

　栗田は身を乗り出してきた。

「一時から、吉田茜選手が会見を開くでしょ。ここで」

「ええ。私も来ますが、ひょっとして……吉田の仕事を受けたんですか？」

「いいえ。私が受けたのは相手方」

「なるほど！　相手の名前は不明ですが、不倫という噂ですよね。誰なんですか相手は？」

「マドファーマ製薬の社長、三波聡」

「マドファーマ……、確かイーグルスのスポンサーでしたね。胸ロゴが入ってますから」

「そうなの。それで、一つお願いがあるの。貴方の手柄にもなる話なんだけど」

栗田は急いで、小さなメモ帳を取り出した。

「何でも言って下さい。沙希さんが桜田門にいらした頃、色々な情報を頂きましたから」

沙希は周囲を気にしながら、「実はね――」と前屈みになり、小声で概要を伝えた。栗田は何度も目を丸くし、時には頷きながら話を聞いてくれた。

そして最後に、胸を張って言った。

「任せて下さい。おやすいご用です。顧問先を守るための雪吊り、お手伝いしますよ」

「私は三波社長の会見場に行くので、こちらには穂積くんを待機させます」

「では、彼と連携して行います」

「全て片付いたら、神楽坂でご馳走するわ」

「その時は、いつものコレをお願いします」と言いながら使い古されたメモ帳を掲げてみせた。

言わんとすることを察した沙希は、わざと敬礼の仕草をしながら「了解」と答えた。


雪吊りを完了したものの、その夜の沙希はなかなか寝付けなかった。自ら記者会見をしたことは何度もあったが、コンサルタントとして設定した経験は多くはなかったからだ。緊張感から目が冴えてしまって、まどろんでも記者会見の夢を見ては目覚める。そんなことを繰り返しながら、運命の朝を迎えた。

午後一時前。パレスホテルに着いた穂積は、異様な雰囲気を感じた。二階にある宴会場のフロアが、既に騒然としていたからだった。百名を超す記者やテレビカメラが押しかけ、会見場の入り口では怒号が飛び交っていたのだ。

沙希の指示を受けて、穂積は暫く会見場の最後部に立って様子を窺うことにした。怒鳴り合っていたのは、記者らしき人物とスーツ姿の人物だった。どうやら、ホワイトイーグルスの広報担当者が、春秋の記者と入室する人数で揉めているようだ。加えて、入室に際して高圧的に名刺の提出を求められたために、他の記者も気色ばんでいた。「記者証の提示じゃいけないのか？」「何様のつもりなんだ」という声を、何人もの記者が口にしていた。

「この会見は荒れますね。既に対決ムードです」

穂積はスマホから沙希に報告した。

沙希からは、ポツリポツリと独り言のような言葉が返ってきた。

「功罪半ばする展開ね。批判の矛先が吉田選手に向かうのはいいけど。あまりに悪い会見をするとねぇ。騒ぎを大きくしてしまうから」

そんな会話をしているうちに、突然フラッシュが光り、シャッター音が鳴り響いた。

ホワイトイーグルスの顧問弁護士が、一人で入場してきたのだ。元検察官、通称〝ヤメ検〟で著名な人物である。そして、会見に先立って、信じ難い要望を記者に言い放った。

「代理人の熊野です。本日の会見は三十分とさせて頂きます。この場での質問は受け付けませんので、ご了承下さい。不規則な発言をされた場合には、退室して頂きます」

ところが、この要望に従った記者は少なかった。それどころか、会場では一斉に抗議の声と質問が沸き起こった。「言いたいことだけ言って終わるつもりですか？」「本気で謝罪する気はあるんですか？」「ファンの疑問を放置するんですか？」「時間を制限するのはおかしいでしょ」「こんな会見、見たことないよ」「読者を馬鹿にしてるのか！」

それに対して熊野弁護士は、マイクを持って大声で「ご静粛に！」を繰り返した。その居丈高《いたけだか》な物言いに、記者たちの反感は更に高まって、会話は全く成り立たなくなってしまった。

睨み合いと言い争いが続く中、穂積はちらっと会場の時計を見た。いつの間にか時刻は一時半を過ぎていた。会見の開始が三十分近くも遅れてしまっている。やがて抗議は、「時間を守れ！」「早くしろ！」などの罵声に変わっていった。

穂積は最後部の左隅に移動した。これから始まるであろう修羅場の一部始終を、会場全体が見渡せる位置で観察するためだ。

すると、監督に付き添われ、黒髪に真っ黒なスーツ姿の吉田茜が、右側の入り口から入場した。会場が再度、けたたましいフラッシュの音と光に包まれる。その喧騒と眩しさに圧倒されたのか、思わず左手を顔の前にかざした。その仕草は、まるでマスコミを拒否しているようにも見えた。

監督が顎をしゃくり上げ、白髪交じりの口髭を撫でながら、高圧的な言葉で会見の口火を切った。

「吉田茜は、何もやましい事はしておりません。皆さん、勘違いしないで下さい！」

感情的で想定外な言葉に、集まった記者たちは呆気《あっけ》にとられ、会場は一瞬静まり返った。

続いて口を開いた吉田茜の声は、対照的に感情の見えないものだった。

「この度は、世間をお騒がせして申し訳ありませんでした。ファンの皆様や、チームの関係者の皆様に、心からお詫びを申し上げます」

用意された原稿を棒読みしたような言葉だけ言うと、口をつぐみ、血の気のない無表情な顔になった。

噂通り〝鉄〟のような女だ。冷たく硬い鉄仮面が穂積の脳裏に浮かんだ。

会場内が静まり返る中、熊野弁護士が口を開いた。

「えーっと、吉田茜は、女子高時代の友人に会うために京都へ行ったということです。京都駅で、チームのスポンサー企業の方と偶然会い、行き先が同じホテルだと知ったので、一緒にタクシーに乗って行った。それを週刊春秋が、勘繰ったということですな」

それを受けて、監督が付け加えた。

「要するに、ゲスの勘繰り、というやつですわ」

あまりにも厚顔な言葉に、会場からは失笑が漏れた。

すると、レポーターの栗田が質問を投げかけた。

「偶然ホテルが一緒だった、ということは、部屋は別だったということですか？」

「質問はなし、と言いませんでしたか？　別々に決まっているでしょう」

熊野弁護士が不快感を露《あら》わにした表情で答えた。

その言葉を聞いた栗田が、ニヤリと笑うのを穂積は見た。しばらくして栗田が急ぎ足で会場を出るのを見た穂積は、後を追って二階から一階のフロアに駆け下り、声を抑えて話しかけた。

「栗田さん、部屋は別々という言質《げんち》がうまく取れましたね」

「うん、沙希さんの指示通りにね」

「これでマスコミの関心は、三波社長から遠ざかるんでしょうか」

「関心は本当に別々の部屋だったかに移り、誰が予約したかに集まるだろうね。そうなれば、部屋は別々と言った弁護士の嘘に焦点が当てられると思うよ」

「沙希さんへの報告は、私がしておきます。栗田さんはお戻りいただいて大丈夫です」

穂積が丁重にお礼を述べると、栗田は軽く手を上げて会見場に戻って行った。

穂積は沙希の言葉を思い出していた。

「あの後、三波社長から連絡があったわ。イーグルスとのテレビ会議で、部屋は二つ予約してあったと言うので、話を合わせて下さいと言っていたと。それで私は、部屋が二つ予約してあったか否かは不明。自分は一つ予約しただけだった、と答えるように三波社長に伝えたわ。彼に嘘だけは絶対に言わせず、一方でイーグルスの嘘を浮き彫りにするためにね。マスコミは嘘を追いかける習性があるからよ」

――沙希さんは、まるで猛獣使いだ。

沙希への報告を終え、穂積が会見場に戻ると、記者と熊野弁護士の噛み合わない応酬が続いていた。

「なぜ本人が質問に応じないのですか？　やましいことが無ければ、答えられるでしょう。不倫を認めたとみなしますよ」

「誰も認めてなんかいません。勝手な憶測はしないでもらいたいですね」

「なら、女子高時代の友人の名前を教えて下さい」

「そ、そんなもの、個人情報だから言えるわけがないでしょう」

「では、イニシャルだけでも教えて下さい」

「な、何、イニシャル？　そ、それも個人情報の一部だから……」

「イニシャルが個人情報？　そんな話、聞いたことがありませんよ」

「法律家としての私の判断なんだから。イニシャルを言えば、あなた方は探すでしょう。卒業アルバムなんかを見て」

「友人は一般人。すなわち私人だから、調べても名前は書きませんよ」

「書く、書かないの問題ではなくてだねぇ、個人情報だからだと言ってるんだ！」

穂積から見ても、弁護士と監督が苦し紛れの言い訳をしているのが明白だった。そして、記者から様々な矛盾点を突かれ、押し問答が延々と続いてしまったのだ。

一方、沙希の待つ商工会議所本部では、午後二時の五分前になっても集まる記者の数は少なかった。元々、大きな政治スキャンダルの発覚で、そちらに人手を割かれてしまっている。しかも、まだどの社も報じていないので、詳細も不明。その上吉田茜の謝罪会見が、入り口の悶着によって開始が遅れ、会見を打ち切れずに終了も遅れているからだろうと沙希は想像していた。

そこで沙希は、改めて会場をチェックしてみた。商工会議所の会議室は質素そのもの。天井に並ぶのは蛍光灯であり、床に敷かれているのはピータイル。シャンデリアと分厚い絨毯のパレスホテルとは、大きな差があった。だが、派手さを避けるべき謝罪会見には、打って付けの場所であると思った。

会場の最前列の中央に陣取ったのは、週刊春秋の記者とおぼしき丸刈りの人物だった。意図的なのか、週刊春秋を机の上に置いていた。まるで「全てを知っているぞ」とでも言いたげだ。そして、鋭い目付きで取材ノートをめくって、何度も読み返しながら、時おりメモをしている。質問事項を書き出しているのだろう。その様子を会場の後方の隅から、沙希はじっと見つめていた。

結局、開始の二時までに集まった記者は、二十名ほどしかいなかった。局名の入った大きなテレビカメラも二台しかなく、代わりにハンディカメラを構える者がチラホラ見られる。その不慣れな手つきから、急場凌ぎで用意したことが窺えた。

二時ジャスト。前方にある横の扉を商工会議所の職員が開けると、たった一人でスーツ姿の三波社長が入室した。司会者のアナウンスもなく、会見は突然に始まった。

立ったままの三波は、冒頭に深々と頭を下げた。上げた顔に緊張は感じられるものの、自然な表情で話し始めた。「流暢に話そうとせず、意図的に言い淀むくらいが良い」と、コンサルしたのが功を奏したのだろう。

「この度、私は人として、経営者として、大きな間違いを犯してしまいました。それで……この場をお借りして、ホワイトイーグルスのファンの皆様、吉田選手のチームのメンバーやステークホルダーの皆様、そして……全国の主婦の皆様に、心からお詫びを申し上げます」

言い終えると、三波は再び深く頭を下げた。

すると会場から、「どうぞ、座って下さい」と声がかかった。

三波が座ると、その直後に最前列に座っていた記者が手を挙げた。

「週刊春秋の鬼頭です。なぜ、全国の主婦の皆さんにお詫びをするんですか？」

「私は……悪臭のする毒ガスを撒き散らしたからです」

「毒ガス？」鬼頭記者は失笑しながら聞き返した。

「不倫は、主婦の皆様にとって、最も心配な、最も不安な、最も不愉快なことです」

一言一言、噛み締めるような口調で三波は続ける。

「そんな話題を……私は撒き散らしたのですから、私は、心に有害な毒ガスを撒き散らしたのと同じです」

すると鬼頭記者が、間髪を容れずに鋭く突っ込んだ。

「先ほど吉田茜さんは、会見で不倫を否定したそうですが、三波社長は認めるんですね？」

「あの、その、実際には、残念ながら、いえ、残念は語弊がありますが、未遂ということですが、罪としては同じくらい重いと思っています」

「同じ部屋に泊まって、男女の関係は無かった、とおっしゃるつもりですか？」

「彼女が怪我をしていたのと、深刻な相談を受けてしまったので、そんな雰囲気にならなかった。それが事実です。しかし、私は期待というか、そのつもりはあったので、未遂とは言え……決して罪は軽くはなりません」

三波の〝深刻な相談〟という言葉を聞いて、沙希は驚いた。

ひょっとして、血液ドーピングの話をしてしまうのでは——。

「深刻な相談って何ですか？」

案の定、鬼頭記者は、そこを突いてきた。

すると三波は、沙希も知らない話を口にした。

「詳しくは申し上げられませんが、移籍に関する相談です」

その言葉に会場内がどよめく。その傍ら、沙希はホッと胸を撫で下ろした。

「どこですか？」

「海外ですか？」

「いつからですか？」

記者たちは、挙手もせずに、口々に質問を投げかけた。

「それは、申し訳ありませんが、まだ正式には何も決まっていないようですし、私が勝手に憶測を申し上げるべきでもありませんので……」

そこまで言うと、三波は口をつぐんだ。

すると、いつの間にかパレスホテルから移動してきた栗田が、話の矛先を変えるかのように三波に聞いた。

「エクセレントは、どなたが予約されたんですか？」

「私です。会社が会員になっていますので」

「二部屋ともですか？」

「えっ、二部屋？」

三波は、驚いたふりをして聞き返した。

見事な役者ぶりだ。沙希は驚くと同時に感心した。

「予約したのは、一部屋だけですか？」

「そうです。ツーベッドルームの部屋です」

すると栗田が、首をかしげながら聞いた。

「先ほど、吉田茜さんの会見で、部屋は別々と、弁護士さんが言っていましたが」

「あっ、あ、そうでしたか……。それなら、吉田さんの側でも別の部屋を押さえておられたのかも知れません」

若くても、経営者として数々の修羅場を踏んできた、経験のなせる技なのだろう。三波の咄嗟《とっさ》の機転に、沙希は再び感心した。

すると、週刊春秋の鬼頭記者が、疑うような目差《まなざ》しで聞いた。

「変な話ですねぇ。エクセレントは会員制のホテルですよね。しかも、十一月の中旬の京都は、紅葉の真っ直中。会員以外の人が、予約なんて取れるんですかねぇ？　三波社長？」

「それは……私にも分かりませんが、誰か他の会員の方にお願いしたとか……」

鬼頭記者は、せせら笑いを浮かべた。

「まあ、それは先方に聞いてみますよ。あなたは正直に一部屋とおっしゃっているんだから。ところで、ホテル代は自己負担されたんですか？　会社の経費で落としたりしていませんか？」

「現金で自己負担しました。証拠を残したくなかったので」

あまりに率直な三波の言葉に、会場のあちこちから失笑が漏れた。

記者たちが次第に、三波の正直な人柄に好感を抱き始めたのを、沙希は感じ取っていた。そのタイミングで再び栗田が、絶妙な質問をしてくれた。

「証拠は残さなかったものの、奥様にはバレてしまいましたね。奥様には、どんなふうに報告されたんですか？　何とおっしゃっているんですか？」

「ありのままに報告しましたが、当然ながら……口も利いてもらえません」

「離婚の話も出ている、ということですか？」

栗田が聞くと三波は無言のまま、否定するでもない程度に首をかしげて見せた。そして、内ポケットから白い封書を取り出した。

「これは、家内から渡された手紙です」

「誰宛ての手紙ですか？」

「私宛てですが、皆様の前で読み上げても良いとのことでした」

「読んで頂いていいですか？」

「はい」と答えると、三波は封筒から手紙を取り出して読み上げた。

『恥知らずで愚かな貴方へ　私は貴方を信じて嫁いで、貴方の娘を産んで育ててきました。私や貴方の娘は、何か悪い事をしたのでしょうか。あるならば、おっしゃって下さい。私は父にも相談しました。元判事の父には、〃初犯の場合には執行猶予が付くことが多い。まして未遂は罪一等軽くみなされる。一度だけ更生の機会を与えてはどうか〃と言われています。私は、それを受け入れることにしました。しかし、決して貴方を許したわけではありません。だから、同封の離婚届に、署名と捺印をして下さい。更生していないと感じた場合には、即座に離婚届を出します。　三波陽子』

読み終えると、三波は手紙を元の封筒に戻し、内ポケットに差し込もうとした。

すると栗田が慌てて制した。

「あっ、待って下さい。その手紙、コピーして配ってもらえませんか」

「それは、あの、妻が何と言うか……」

三波は沙希の指示した通り、困惑したふりをした。

すると、春秋の鬼頭記者が催促の言葉を発した。

「皆、録音してるんですよ。配らない理由は無いでしょう」

「ええと……その……、そうですね、分かりました」

三波が承諾したのを受けて、沙希は隣に立っている商工会議所の職員に、小声で耳打ちをした。それを受けて、職員は小走りで三波に近寄り、「私が」と声を上げてコピーを申し出た。

その様子を見て、沙希は安堵した。

——よし。これで、映像とタイトルは決まりね。


その後、記者の質問は再び吉田茜の移籍に集中した。

中には三波に鋭い質問をぶつけるスポーツライターもいた。

「製薬会社の御社は、欧米の製薬会社と提携をしていませんか？　その製薬会社と関係の深いチームに移籍するとか。そんな話は出ていませんか？」

「現時点では何もありませんが、彼女にも迷惑をかけたので、要請があれば協力はいといません」

あらゆる質問に自然体で答える三波に、沙希は頼もしさすら感じた。

結局、三波の謝罪会見は三十分ほどで質問が出なくなって終了した。

穂積からの連絡で、その時刻は吉田茜の謝罪会見の終了と、ほぼ同時だったと判明した。

結果として、吉田茜の会見に出ていた記者やカメラマンの大半は、三波の謝罪会見に間に合わなかったのだ。通常は別々のクルーが派遣される。だが、二つの会場が近過ぎたのと、時間差での開催が功を奏したというわけだ。

会見が終わり、沙希は三波と別々のタクシーに乗ってＤＣＢ社に向かった。吉田茜の会見場にいた穂積も同じ時刻に帰ってきた。三人は集まるや否や会議を始めた。

「穂積くん、吉田選手の謝罪会見の概要を報告してくれる？」

沙希に促された穂積は、興奮した様子で語り始めた。

「一言で言えば、最悪の記者会見でした！　名刺の提示を求めて入室制限をしたので、入り口で一悶着あって。開始が三十分遅れたために、のっけから対決ムードになってしまいました。その上、熊野弁護士が『質問はするな、不規則な発言をしたら退室させる』なんて言ったので、会場は殺気立っていました」

「吉田選手は何を話したの？」

「冒頭に謝罪の言葉を十秒ほど述べた他は、ほとんど何も話していません。質問は弁護士が遮るし、遮っておきながら、木で鼻を括《くく》ったような言葉で、矛盾した回答をする。その矛盾を記者が追及する。その繰り返しでした」

「やっぱりね……」

「彼女は沙希さんの嫌いな〝世間をお騒がせし〟も使っていました」

沙希は眉間に皺を寄せて、深い溜め息をついた。

「失敗ですか？　弁護士が駄目なんですか？」

三波が心配そうに聞いてきた。

沙希は首を横に振った。

「熊野さんは裁判には強い弁護士です。しかし、マスコミ対策はうまいとは言えません。特に、謝罪が必要な会見は。法廷で検察と闘うように、記者会見でもマスコミと闘ってしまうんです。依頼人を守るために、法廷では無理な主張もします。被害者を傷付けるような言葉が有効なケースもありますから。しかし、記者会見では逆効果になってしまいます。論争の場ではなく、許しを得るための解毒の場だからです」

「今日の夕方のテレビや明日のスポーツ紙は、どんなふうになるんでしょうか」

少し考えてから、沙希は冷徹に告げた。

「スポーツ紙の見出しは〝茜、フリンキック外した？〟とか、〝茜、怪我でゴールできず？〟、あるいは〝茜の弁護士、レッドカード発言連発〟ですかね？　テレビのワイドショーは奥様の手紙を映像で流して、街頭で〝あなたは不倫未遂を許せますか？〟というインタビューをするでしょうね。おそらく、答えは男女で分かれる。女性はネガティブで、男性はポジティブ。割れた世論が国民的な論争を巻き起こして、騒ぎを大きくすると思います」

三波は、ガックリと肩を落として、諦め顔で聞いてきた。

「週刊春秋の記事は、どんな内容になるんでしょう？」

「かなり厳しいものになると思います。嘘をキーワードにしたタイトル、例えば〝茜だから真っ赤な嘘？〟というような。それから、一緒に写った写真も掲載されるでしょうね」

「真っ赤な嘘と言いますと……？」

「部屋を二つ取った、と弁護士が嘘を言いましたよね」

「なぜ、そんな見え透いた嘘をつくことにしたんでしょう？」

三波が首をかしげると、沙希は「よくあることです……」と、溜め息をついた。

「ホテルには守秘義務があります。まして会員制だから。部屋の予約情報は漏れないと思ったんでしょうね、弁護士の先生は。ホテルに口止めをした可能性もあります」

「そんなこと、できるんですか？」

「実際にはできません。公式には回答しませんが、反感を抱いてオフレコで話すでしょう。ホテル側もマスコミを敵に回したくないですから」

「なるほど。しかし、エクセレントは宿泊できる日程が固定されています。紅葉の時期の京都は、会員でも日程を変更するのは至難の業です。予約は無理ですよね」

「そうですよね。だから週刊春秋は、吉田選手の事務所に予約した方法を質問する。回答が無ければ〝真っ赤な嘘〟と書くでしょうね。オフレコで聞いた話があれば」

「この二つの会見の模様が報道されると、ネットでも炎上するでしょうね。僕がチェックしておきます」

穂積の申し出に、沙希は笑顔で頷いた。

その後、沙希は一時間ほどかけて三波に、様々なアドバイスを試みた。社内および社外の利害関係者へのメッセージや、ホームページへの掲載文の出し方などを。そして、奥様や娘さんとの接し方を、最も時間をかけて詳しく解説した。陽子への恩返しのつもりで。

解説が終わると、沙希は二人を連れてテレビの置かれた応接室に移った。そして、食い入るように画面を見つめ続けた。

その日の夕方のワイドショーは、軒並み冒頭で三波と吉田茜の不倫を扱っていた。『記事が出る前に、異例の会見が行われました』という司会者の言葉から始まり、熊野弁護士の高圧的な言動が映し出された。その後に謙虚な三波の謝罪が続いた。そして、『不倫未遂の是非』を問う街頭インタビュー。最後に妻の手紙が映し出され、複数のコメンテーターが感想を述べていた。全て予想した通りだ。

男性陣は「何も無ければ不倫ではない」と擁護し、女性陣は「未遂でも心は不倫している」と批判していた。男性側が「心と言うなら、韓流スターを追いかける女性たちも不倫になる」と反論。それに対して女性側は「韓流スターと同じ部屋には泊まりませんよ」と切り返す。気色ばむスタジオの雰囲気を察して、司会者が両者の言い分を取り入れて曖昧な結論に導く。『男女で意見は割れましたが、視聴者の皆さんはいかがでしょうか』というように。

どのチャンネルに変えてみても、概《おおむ》ねそんな内容だった。

翌日のスポーツ新聞の見出しについては、予想と少し違っていたと沙希は感じた。記事の焦点は、吉田茜の移籍に当てられていたからだ。そして何紙かは、吉田と監督との確執にも触れていた。だが幸いなことに、血液ドーピングについては、どの新聞も示唆すらしていなかった。


水曜日の夕方、三波が再びＤＣＢ社に来たとの連絡が入った。木曜日に発売される週刊春秋の見本誌を、水曜日の午後三時前後に入手できると沙希が伝えたからだ。春秋社の社内で配付されたものを、内密に貰い受けるのである。警視庁広報課長の時に、取材に協力してきたからこそ為せる技だ。

——果たして、どんな記事が掲載されているのか。

会議室では、三波と穂積が固唾《かたず》を呑んで待っているはずだ。そう思いながら沙希は笑みを湛《たた》えて入室した。

「タイトルは〝茜、真っ赤な嘘でディフェンス〟でしたね。写真は、ホテルの玄関で二人がタクシーを降りるところでした。出る時の写真は撮れなかったんでしょう。結果論ですが、春秋は確証を持ってはいませんでしたね。ちょっと悔しいですが」

「いえ、仕方ありません。事実ですから。良かったです。中の写真じゃなくて。どんな写真が出るかと思って……」

三波は胸に手を当てながら、安堵の表情を見せた。

「記事の前半は、吉田茜の謝罪会見への批判ですね。発売前に会見を開かれたために、スクープを失った。その怒りが籠《こ》もっています。後半は、奥様の手紙の分析です。こんなに優しい妻と、それを裏切った非道な三波社長を対比して、批判していますね」

「読ませて下さい」

三波が言うと、沙希は週刊春秋を手渡した。

受け取った三波は、深刻な表情を崩さずに、時間をかけて読み進めた。そして、読み終えると、ゆっくりと沙希に顔を向けた。

「ありがとうございました。橘さんには何と言ったらいいのか、本当に感謝しても……しきれない気持ちです。記者会見の設定、家内の説得や手紙の作成。何から何までお世話になりました」

わざわざ立ち上がって、三波は深々とおじぎをした。

「三波社長。私もあなたから学んだことがあります。会見で茜さんからの深刻な相談を〝移籍〟とおっしゃいましたね。私はドーピングの話をし始めるかと思って、口から心臓が飛び出すほど驚きました」

「そ、それは言えません。言うわけがありません」

「しかし、三波社長の会見は、全て話してしまうかと思うほど、正直さが溢れていましたから。移籍の話をしたことによって、記者の関心が一気にそれていきました。実際、スポーツ紙は、そちらを中心に書きましたから。かなり高等なテクニックですね、マスコミ対応の」

「いえいえ、私は橘さんのご指導通りに、正直に話しただけです。本当に、彼女から移籍の相談もあったんです」

「では、本当に移籍するんですか？」

「ヨーロッパのチームから、オファーも来ているようです。いくつか」

それを聞くと、沙希は気持ちが明るくなった。

そして、キッパリと言い切った。

「何としても移籍を実現させましょう。彼女が海外に行く、すなわち国内にいなくなるのは、奥様にとっても安心。マスコミも彼女の動向を掴めないので、叩けなくなる。彼女自身も希望が叶えられる。とても良い決着の方法です」

「分かりました。オファーの来ているドイツのチーム、そのスポンサーは当社の業務提携先です。それを知っていたから、彼女は私に相談したんです。私は全力で移籍をバックアップします」

「それは良かった。しかし、彼女と二人で会うとか、過度なバックアップはしないで下さいね。奥様が、署名捺印した離婚届を持っているんですから」

三波は、赤面しながらも深く頷いた。

吉田茜の電撃的な移籍の情報は、一か月もしないうちに三波から沙希にもたらされた。

移籍先はドイツリーグの１・ＦＦＣフランクフルト。これまでにも、何人もの日本人選手が所属したチームだった。

それをテレビ番組でスクープしたのは、レポーターの栗田吉次だ。

スクープされた夜、沙希は栗田を神楽坂の老舗《しにせ》の料亭に招いた。沙希が大切な接待をする時にだけ使う場所だ。

金箔の襖絵《ふすまえ》に囲まれた重厚感溢れる和室は、加賀百万国の歴史を感じさせる。

出されたお通しの生麸に箸をつける前に、沙希は丁寧にお礼の言葉を述べた。

「ありがとう栗田さん。全てうまくいったわ。貴方のおかげです」

「いえいえ、私もスクープを頂きました。お礼を言うのは私のほうです」

満面の笑みを浮かべて、沙希は栗田に乾杯を促した。

沙希がホワイトイーグルスの謝罪会見の話を聞くと、栗田は突然饒舌になった。どれだけお粗末だったかを熱心に語り始めた。

そして語り終えると、真顔になって沙希に聞いてきた。

「それにしても、誰が考えたんでしょうか？　あんな会見をやるなんて」

沙希は笑いながら答えた。

「誰がというよりも、人は誰でも危機に遭遇すると、二つのトウソウ本能に支配されるの。『闘う闘争本能』と『逃げる逃走本能』。今回は、監督も顧問弁護士も闘うタイプだから、そちらに支配されたんでしょ」

「今回の件では、ホワイトイーグルスだけが損をしましたね。マドファーマというスポンサーを失い、吉田茜というエースも失った。吉田が出演していたCM収入も失ったそうです。茜がいないと、観客数も減るでしょうね」

「危機管理の失敗は怖いのよ」

「イーグルスもミス・ダメコンに頼めば良かったのに」

「ミス・ダメコン。何それ？」

「ミス・ダメージ・コントロール・ブレーン社の略ですよ」

「やめてよ。ミスばかりしている、ダメなコンサルタントみたいじゃない」

「穂積くんが名付けたらしいですよ」

「ポチが？　そんなことを……」

沙希が思わず口にすると、栗田が笑いながら聞き返してきた。

「ポチ？　沙希さんポチなんてあだ名付けてるんですか？」

「あっ、あ、それは社長が、私にアシスタントが必要だと言って。アシスタントのことをポチと呼んだからで……。彼、前職が不動産の営業マンで、情報集めが得意でね。お願いすると、犬みたいに走り回って情報を掻き集めてくるのよ。……彼には言わないで」

「うーん、何かネタをくれたら黙っていますけど？」

「そう言えば、栗田さんの番組の司会者。変な噂を聞いたわよ」

「えっ、それは駄目です！　駄目ですけど、何ですか噂って？」

「ジョーク。冗談よ」

「びっくりしたぁ。もう」

沙希は仲居が閉店を告げる時刻まで、栗田と飲んで語り合った。

第二章　走る放射能カー

男が地下鉄の内幸町駅で降りて地上に上がると、その大きな雑居ビルは日比谷通り沿いに建っていた。くすんだ銀色の金属性の外壁は、どこか古びて侘しい印象だ。

ビルの案内表示を見ると、五階にドリフト社の名前がある。中古車販売店をチェーン展開する会社だ。どうやら、ワンフロアを全て借りているらしい。人目を避けて五階まで階段を上ってエレベーターホールに立つと、ドアの窓越しに仕切りの無い開放的な雰囲気のオフィスが見えた。様々な部署が一望できて、何か起きれば即座に全社に伝わる環境のようだ。

――これならきっと騒ぎになるだろう。そうすれば無視もできまい。

男はそう思いながら、お客様相談室の表示を探した。すると天井から吊り下げられた看板から、その位置はすぐに分かった。看板の真下にある管理職の席には、太い眉毛の気難しそうな中年の男が座っている。その後ろに掛けてある予定表を見ると、一番上に権田という文字が読み取れた。それだけ確認すると、男は急いで階段を駆け下りて外に出た。

八月の太陽が照り付ける午後一時。お昼休みから帰った女子社員たちが、口々に暑さを訴えるのを、お客様相談室長の権田修は無意識に聞いていた。

「本当に暑いわね。熊谷では四十度を超えたんだって」

「この辺りはビルやアスファルトの熱で、もっと暑いかも」

「そうね。コンクリートの湯たんぽに囲まれてるみたい」

「雹《ひょう》でも降ってくれないかしら」

そんな会話が交わされる中、権田の席にA４サイズほどの宅配物が届いた。その箱型の包みはあまりに軽く、何も入っていないのかと思った。差出人は自動車の整備業者のようだ。伝票にはエアフィルターと記され、〝取扱注意〟のシールが貼ってある。

茶色の包装紙を開けると、小さな白い封書とともに、ビニールで包まれた銀色の箱が見えた。重さの割には、不自然なほど厳重な包み方だ。何かに濡れたエアフィルターが入っているのだろうか。

疑問を感じた権田は、まず中身を確認しようと、ビニールを取り外してみた。すると、銀色に光っていたのは、アルミホイルだった。紙の箱がアルミホイルで包んであったのだ。

蓋を開けると、黒く汚れて乾いた何の変哲もないエアフィルターが入っていた。

権田は不思議に思い、封書を開けて手紙を読み始めた。ところが、読んでいるうちに、背筋の凍るような寒気を感じざるを得なかった。そして、全て読み終わらないうちに、思わず大きな声を上げてしまった。

「だ、誰か、何でもいいから、頑丈な入れ物を持って来てくれ！」

権田は急いで箱の蓋を閉じて、アルミホイルとビニールを乱暴に元に戻した。その上で、それを身体から遠ざけるように、両手を伸ばして持つと、フロアの北側にある会議室に駆け込んだ。そして、会議室のプレートを『使用中』にするや否や、逃げたい一心から小走りで席に戻った。

その声と行動に驚いたのか、室員たちは事態を理解できないといった表情で凝視していた。

隣の広報室や総務部の社員も、一斉に視線を向けてきた。

最初に声をかけてきたのは、広報室長の有村広明だ。

席に座ったまま「どうかしたんですか？」と、心配そうに尋ねてきた。

「危険物なんですよ！　大変な危険物が届いたんです！」

権田の尋常で無い声色を聞いて、有村が駆け寄ってきた。

「どんな危険物ですか？」と問われた権田は、有村の耳元で囁いた。

「高濃度の放射性物質ですよ」

有村は「えっ！　放射性物質？」と、声を上げて聞き返してきた。

慌てた権田は、口に人差し指を当てながら言った。

「セシウムに汚染された、車のエアフィルターのようですな。うちが販売した中古車の」

「そんなもの、誰が送ってきたんですか？」

権田は包装紙の伝票を見返して、武蔵村山市の自動車の整備業者であることを伝えた。

すると、有村の丸顔が引きつり、メガネの奥の目が鋭くなった。そして、事態を察したかのように、
頷きながら低い声で呟いた。

「なるほど。車検で交換したエアフィルターなら……有り得ますねぇ」

「私も……そう思いますな。エアフィルターの交換は、四～五年に一度ですからな」

「四～五年分のセシウムが、集積されて高濃度汚染物質になった、ということですか？」

「そういうことですな。今まで誰も気付かなかったのが、不思議なくらいですよ」

小声で話を交わしていると、部下の女の子が魚釣り用の保冷箱を持ってきた。

「総務からイベントに使うクーラーボックスを借りてきましたけど……」

権田は、それを奪うように受け取った。そして、再度会議室に駆け込み、息を止めたまま走り出た。

すると、総務部の石垣忠正が巨体を揺すりながら近寄って来た。

「何か……爆弾のような物が届きましたか？」

――警察のOBらしいな。

権田は苦笑した。

「いや、放射能に汚染されたエアフィルターですよ」

「えっ！」石垣はのけ反る仕草をしながら、怒りの表情を浮かべた。

「誰が、そんなものを。どの程度の濃度ですか？」

「同封の手紙には十万ベクレルと書いてあります」

「十万……、それは、もう傷害罪です。すぐ警察に通報しましょう」

「ちょ、ちょっと待って下さいな」

権田は石垣を制した。

有村も同調した。

「通報なんかしたら、大変な騒ぎになりますよ。防護服を着た警察官が来るかも知れないから」

「ここは雑居ビルですから。高濃度の放射性物質があると知れたら、他のテナントも騒ぐことになるでしょうな。ビル全体がパニックになる可能性も……」

自分で言いながら、その深刻さに自ら気付いた権田は、そこで言葉を呑み込んだ。

有村も石垣も言葉を失い、無言のままお互いの顔を見つめ合った。

沈黙を破ったのは有村だった。

「そうだ！　まず保管場所を決めて、このフロアから動かすことが大切です。社員が被曝してしまいますから。このビルの地下の駐車場のどこかに……探しましょう。置く場所を」

冷静で的確な有村の指摘に、権田も我に返った。

「運ぶと言っても、大丈夫かな？　手を触れて持ち歩いたら、被曝することに……」

権田は思わず呟いた。

「私が運びます！」

そう言うや否や、有村は会議室に駆け込んだ。そして、クーラーボックスを肩に掛けると、足早に非常階段を駆け下りた。権田は石垣とともに後を追った。

地下一階の駐車場に着いた三人は、必死で保管場所を探した。だが、適当な場所が見つからなかったため、更に下の階に向かった。そして、地下二階にある、粗大ゴミの置き場に辿り着いた。そこは薄暗くて蒸し暑く、かすかに生ゴミの嫌な臭いがした。ゴミの集積場があるからだろう。

すると、そこに古びた金属製の両開きのキャビネットがあった。

「これだ！　これですな。とりあえず、これに入れましょう」

権田が指差すと、有村はクーラーボックスごとキャビネットに入れて、急いで扉を閉じた。

「ふぅー」

三人は顔を見合わせて同時に安堵の溜め息をついた。

権田は額の汗を拭うと、石垣に声をかけた。

「キャビネットに貼ってある廃棄ラベルに社名が書いてありますので、私が貰い受けに行きます。石垣さんは、これに〝廃棄不可〟と書いた紙を貼って下さい。うちの社名も書いて」

そこまで言うと、有村が申し出た。

「では私は、放射性物質の廃棄や移動に関する法律を調べておきます」

権田は深く頷いた。そして、「この場を早く離れましょう」と二人を促して、急いでその場から離れて席に戻った。


およそ一時間後、権田は再び二人に声をかけた。あいにく会議室が空いていなかったので、打ち合わせスペースに集った。そこは、パーテーションで仕切っただけの簡素な構造で、声が外に漏れてしまう。

権田は声を抑えて、会話の口火を切った。

「石垣さん。同封されていた手紙に、あのエアフィルターが装着されていた車のナンバーが書いてありました。過去と現在の所有者を急いで調べてもらえませんか」

石垣は即座に「おやすいご用です」と答えると、足早に部屋を出て行った。

「有村さん。法律は、どうでした？」

「まだ調べ切ってませんが、放射性物質汚染対処特措法で、キロ当たり八千ベクレル以上の放射性セシウムに汚染されたものは、その場に保管する必要があると定められているようです」

「ということは、安易に移動させてはいけない、ということですな」

「その通りです」

「そうですか……。では、整備業者に送り返すこともできないわけですな」

「送り返すなんて……。このビルから運び出すことすら駄目なんです！」

有村が険しい表情をして、少し苛立《いらだ》った口調で言い放った。

「万事休すですな……」

権田は天井を見上げた。

それを見て、不快そうに溜め息をついた有村は、静かに目を閉じて口をへの字に曲げた。

暫くして権田は、思い付きざまに〝焼却〟を有村に提案してみた。だが、有村は憮然《ぶぜん》とした表情で、ゆっくりと首を横に振った。

「放射能は燃やしても消えません。逆に、灰になって飛び散るリスクを高めるだけです」

けんもほろろに言われた権田は、再び天を仰いだ。

暫くの間、権田は有村と無言のまま向き合い続けた。

すると石垣が戻ってきた。

「現在の所有者が判明しました。武蔵村山の住民です。所有権はその方にあるわけですから、連絡して取りに来てもらうとかどうでしょう」

それを聞いた権田は、目を丸くして反論した。

「とんでもない。お客様ですよ、その方は。お客様にババを引かせるなんて論外ですな」

有村も同調した。

「そんな事を知ったら、マスコミも黙っていませんね。新聞の見出しは〝ドリフト社、客に放射能を押し付け〟になってしまうでしょう」

「そんな記事が出たら、ネットで炎上して客離れが起きるでしょうな」

「それよりも、他の整備業者も右にならえで、うちに送ってくる可能性がありますね」

有村の鋭い予測に、権田は息を呑んだ。自分の机の上に、エアフィルターが山のように積まれた風景が、頭に浮かんだからだ。

「そんなことになったら、このビルは放射能フィルターの廃棄場に……」

権田は言いながら、背筋が寒くなった。そして、自らが打ちのめされた。

その場の重い空気を振り払うかのように、石垣が話の切り口を変えてきた。

「車の以前の所有者は、福島県細野村の住民でした」

「やはり……そうですか。濃度が高いはずですな」

権田は深い溜め息をついた。

「すると、あの辺りの車は、走る放射能カーということですね。今後も同レベルの汚染フィルターが、大量に見つかる可能性がありますね」

今度は有村が、言い終わってから溜め息をついた。

しばらく無言で顔を見合わせた後、権田は重い口を開いた。

「もう……これは重大な経営問題ですな。我々レベルでは判断がつかないから、役員にも入ってもらいましょう。弁護士の意見も聞いたほうが良さそうですな」

有村と石垣が深く頷くのを見て、権田は打ち合わせを終了した。


燃えさかる太陽が沈み、うだるような暑さが幾ぶん収まった午後六時。権田は有村と石垣とともに、役員用の会議室に向かった。その会議室は、頑丈な壁と扉で隔離されているため、外に声が漏れる心配は無さそうだ。中に入って待っていると、取締役総務部長の大丸と、顧問弁護士の恒川が入ってきた。

入るや否や、大丸は赤ら顔を更に紅潮させて、興奮ぎみな口調で言い放った。

「石垣君から報告は受けた。何をオタオタしてるんだ！　手紙も包装も元に戻して、宅配業者に受取拒否として返送させたらどうかね！」

「包装紙も破いてしまいましたし、手紙も封を切ってしまいましたので……」

権田が言うと、大丸は憤然《ふんぜん》とした表情で口撃してきた。

「脇が甘過ぎるぞ君は。総務ならそんなことはせんぞ。なぜ丁寧に開けなかったんだ」

「申し訳ありません。放射能に汚染された物質とは思わなかったので」

「取扱注意のシールが、貼ってあったそうじゃないか」

「壊れ物という意味かと思いまして」

「伝票には中身が書いてあったんだろう？　エアフィルターは壊れ物かね？」

権田は大丸の言葉を、管理部門の担当取締役、つまり上司としての叱責ではないと思った。総務部の責任を回避したい、という意図を強く感じたのだ。

「大丸さんの言う通りです。中身も何も知らずに送り返す。それなら法律に抵触しませんから。お客様相談室でも、それくらいは分かるでしょう？」

キツネ目の恒川弁護士が、冷たい視線を向けてきた。

それを聞くと、有村が口を開いた。

「しかし、手紙を読むまでは、放射能に汚染されていたか否かは分かりません」

すると、今度は有村に向かって、大丸が目を剝いて言い放った。

「そんなことは、君に言われなくても分かっとる。私が言いたいのは、荷物や手紙は常に受取拒否を想定して、丁寧に開封すべきだということだ！」

その剣幕に驚いた権田は、二人の会話に割って入った。

「分かりました。以後、気を付けます。何よりも、今決めるべきは汚染されたエアフィルターの処置です。恒川先生、法律はどうなっているんですか？」

「当然ながら、キロ当たり八千ベクレル以上のものは、普通に廃棄することはできません。放射性物質汚染対処特措法で定められています。管理型処分場で処理せよと。しかし、十万ベクレルともなると、移動すらできません。このビルの地下にコンクリートの密室を造って、保護シートで厳重に梱包して保管しておくしかないでしょう」

それを聞いた有村が異論を唱えた。

「しかし、先生。このビルは賃貸の雑居ビルです。我々が勝手に地下に穴を掘ることなどできません」

「もちろん。私は法を順守するための、べき論を言ったまでです。法の趣旨をふまえて、何か方策を考えるしかないでしょう」

恒川の話を聞いて、それまで黙っていた石垣が口を開いた。

「コンクリートとおっしゃいましたね、先生？　あのクーラーボックスにセメントを流し込んで、固めてしまったらどうですか？」

恒川は「うむ」と頷くと、「それは良いアイデアですね」と、細い目を見開いた。

大丸も頷きながら、「その案はいいな」と同調した。

「昔、コンクリート殺人を担当したんで。死体をドラム缶に入れて、コンクリートで固めて隠した事案ですが」

「しかし、その後、そのクーラーボックスをどうするか、ですね」

冷静な有村が、安易に盛り上がった議論に水を差した。

すると石垣が得意げに語った。

「エアフィルターの所有権は消費者にありますが、付着した放射性物質は東京電力のものです。東電に引き取らせる、というのはどうですか？」

「引き取らないでしょうな東電は。エアフィルターの所有権は無いからと言って」

苦笑しながら権田が言うと、石垣は悪戯《いたずら》っぽい笑顔で言い返してきた。

「拒否されたら、夜中に東電の玄関先に置いてくるとか」

それを聞いた大丸が声を荒らげた。

「おい、冗談を言っている場合じゃないんだ！」

権田もたしなめるように言った。

「うちの顧客の中にも、東電の社員はいるんですよ」

更に有村も追従した。

「そんなことをして、マスコミに漏れたら大変ですよ」

続け様に三人から批判された石垣は、バツが悪そうに首をすくめた。

結局、始まった会議では侃々諤々《かんかんがくがく》の議論が続いた。広報、総務、お客様相談室、そして弁護士。それぞれの立場の違いが、激しい意見対立を生んでしまったのだ。

ちょうどそのタイミングで、会議室のドアをノックする音が聞こえた。

入室した女子社員が、上司である有村に紙切れを渡すと、有村の顔色が変わった。

そして、慌てた口調で大丸に言った。

「毎朝新聞の社会部から取材です。放射能フィルターの件で」

「何だと？　なぜ毎朝に情報が漏れたんだ」

「この情報は、うちと整備業者しか知りません。うちでは無いので……」

権田が言うと、有村が続けた。

「マスコミに通報すれば、当社が返送できないと踏んだ可能性はありますね」

大丸は「チッ！」と舌打ちをし、苛立った口調で聞いた。

「それよりも、取材依頼の電話はどうするんだ？」

大丸に促されて、有村は入り口に立っていた女子社員に告げた。

「不在ですので、すぐに連絡を取って、折り返します、と伝えて下さい」

女子社員は「はい」と返事をして部屋を出た。

それを見届けてから大丸が口を開いた。

「厄介なことになったな」

「取材拒否でいいじゃないですか。当社が悪い事をしたわけではないですから、説明責任は無いでしょう」

その弁護士の言葉に、有村が気色ばんで反論した。

「それは駄目です。整備業者が情報源なら、弊社にエアフィルターがあると確信を持って書けます。送った本人の証言ですから。記事が出たら、当社の社内だけでなく、このビルの中は大騒ぎになってしまいます」

権田も有村を後押しした。

「記事が出たら、多くの消費者が不安になって、ガイガーカウンターで調べるでしょう。そして、高い数値が出たら、整備業者かディーラーに持って行って、エアフィルターを交換してもらう。それを業者が当社に送ってくる。そんな流れができてしまうかも知れません」

すると今度は、弁護士が語気も鋭く反論してきた。

「法律で移動が禁止されているんですから、送ってこないでしょう。万が一送ってきたら、受け取りを拒否すればいいでしょう。送り主が整備業者やディーラーの荷物は」

「社名を書かずに、個人名で送ってきたら、どうします？」

権田が聞くと、弁護士は即答した。

「伝票に、中身がエアフィルターと書いてあるものは受け取らないとか」

「中身を偽って送ってくることも考えられます」

権田が指摘すると、弁護士は返す言葉を失って口をつぐんだ。

「八方塞がりだな」

大丸が独り言のように呟いた。

そして、誰も打開策を提案できないまま、重苦しい沈黙が続いた。

暫くしてから、それまで口をつぐんでいた石垣が提案した。

「警察のＯＢが集まって、危機管理のコンサルをする会社があります。ＤＣＢと言いますが、そこに相談したらどうでしょう。警察とも連携して動いてくれます」

「どんな立派な御仁がアドバイスしてくれるんだ？」

大丸が疑うような目付きで聞いた。

「元警視庁の広報課長でキャリアの女性ですが、将来は初の女性警視総監かと噂された人がいます。おそらく、その人かと」

「ほう、警視総監候補か。コンサルの実績や経験は豊富にあるのかね？」

一転して、興味深そうな表情で大丸が聞いた。

「昨年、女子のサッカー選手の不倫が発覚しました。あの事案を捌いたのが、彼女だそうです」

「あれは大騒ぎになって、結局あの選手も厳しく批判されて、逃げるように海外へ移籍しましたな。

失敗じゃないですか」

　権田が聞くと、代わりに有村が答えた。

「そう言えば、相手の男性、経営者のほうはうまくやりましたね。奥さんの手紙か何かで」

「そうです。男性の側の仕事を請けたようです。執行猶予なんて、警察がよく使う言葉を用いてあったのも、彼女のアドバイスでしょう」

　知ったか振りして石垣が言った。

　すると大丸が、決心したように指示を出した。

「権田君、有村君。石垣君と一緒に、急いでその会社へ行ってくれ」


　およそ一時間後の午後九時過ぎ。橘沙希は絵も花も無い殺風景な会議室で、ドリフト社の権田・有村・石垣の三人を迎えた。

　急なアポイントから、緊急性を察していた沙希は、最初から穂積を同席させた。

　挨拶が終わると、権田が概略の説明を始めた。

　普段は穂積が議事を記録するが、沙希も途中から自分の手帳にメモを取った。

　それは、今回の案件が、極めて深刻であると感じ始めたからだ。

　権田の説明が終わると、沙希は質問を始めた。

「その整備業者とコンタクトはされましたか？」

「まだです。本当は怒鳴り付けたいところですが」

権田の上から目線の口調に、沙希は厳しめの口調で返した。

「怒鳴る？　とんでもない。整備業者を味方に付けて、情報を取る必要がありますから」

「情報ですか？」

無頓着に有村が聞くので、沙希は問い返した。

「十万ベクレルを、どうやって測定したのか。数値は正確なのか。そもそも、突然なぜ測定したのか。何処と何処に通報したのか。すなわち、本件を誰と誰が知っているのか、分かってるんですか？」

沙希が詰問調で問うと、有村は「い、いえ……それは……」と口ごもった。

「なら、整備業者と対立するのは得策ではありません。情報の根拠や拡散状況を把握してなければ、マスコミ対応はできないでしょう？　有村さん。何を隠す事ができて、何を開示するべきか、判断できないから」

「そ、その通りですね」

「危機管理には、感知・解析・解毒・再生という四つのステージがあります。順番に行っていきますが、第一ステージの感知は、危機を感じて事実を調べて知ること。だから、整備業者から、事実を正確に聞く必要があります」

「か、感知ですか、よく分かりました。その視点は欠けておりました」

そう言いながら、有村は沙希に熱い視線を向けてきた。

そこで沙希は少し表情を緩め、諭すような口調で言った。

「そもそも今回の案件では、整備業者は被害者側の岸にいます。岸とは、川の岸辺の岸です。御社は加害者側の岸にいますから、被害者と対立すると世論を敵に回します」

沙希の説明に三人は目を見合わせて、「加害者?」と口々に言いながら怪訝な顔をした。

「いいですか。福島の放射能汚染の最大の加害者は地震と津波、そのすぐ隣が東電です。最大の被害者は原発周辺の住民。同じように、エアフィルター汚染の最大の被害者は車の所有者であり、その次が整備業者。両者から見れば、御社は東電の側すなわち加害者の岸にいると思って下さい。売り主ですから。この認識をして頂くことが、解決への第一歩です」

有村が真っ先に、「なるほど」と低い声で呟きながら頷いた。

「あくまでも、車の所有者や整備業者から見れば……ですが。御社から見れば、東電が加害者。あるいは、エアフィルターを送りつけてきた整備業者も、加害者に見えるかも知れませんね。迷惑に思った御社は、ご自身を被害者と感じるでしょうから」

すると、すかさず有村が質問してきた。

「マスコミ……新聞記者は、どこに位置しているんですか」

「車の所有者の視点で取材をしますから、心境としては被害者の岸です」

「では、記者から見たら、弊社は加害者側に見えるわけですね」

「そうですね、どちらかと言えば。放射能に汚染された中古車を売った加害者。もちろん、遡れば買った被害者でもあるわけですが。こういうのを私は、加被害混合案件と呼んでいます。顧客情報が盗まれた時の企業と同じです。窃盗の被害者でありながら、杜撰《ずさん》な管理をしていた加害者。あれと同じ構図ですよね」

その言葉を聞くと、権田が顔を曇らせて尋ねてきた。

「弊社も汚染を調べてから売る必要があった、ということですか？」

「可能か否かは別として、消費者は期待するでしょう。東北の食品なんかは、調べてから販売していますので。ところで、毎朝新聞の記者には返事をしたんですか？」

「あっ、あっ、忘れていました」

狼狽しながら、有村は自らを罰するように白髪交じりの頭を叩いた。

「この場から電話して下さい。明日、取材に応じますと。社会部の記者ですから、夜遅くまで社にいるはずですから」

すぐに有村が携帯で電話をかけると、沙希の思った通り、まだ取材を申し込んだ霧島記者は残っていた。

有村は、翌日の午後四時にドリフト社で会う約束を取り付けたようだ。

有村の電話が終わると、沙希はペンを置いて背筋を伸ばして告げた。

「この危機のリスクランクを申し上げます。七段階の六、すなわちレベル六、重篤な危機です」

すると、穂積が意外そうな表情をして、沙希を見つめてきた。沙希がレベル七という評価を下すと予測していたようだ。

沙希は構わずに説明を続けた。

「この案件の社会への影響は絶大です。しかし、御社が悪事を働いたわけではありません。毎朝新聞の記者が優秀な人なら、被災地への配慮を理由に、暫く記事を書かないように説得できます。エアフィルターの件は環境省に働きかけて、福島にある中間貯蔵施設に引き取ってもらいましょう。私の警察庁時代の知り合いが、環境省にいます。私が交渉してみます」

そこまで言うと、穂積は納得顔になった。

有村は頷きながらも、不安な表情を浮かべて聞いてきた。

「助かります。しかし、私に記者の説得ができるでしょうか」

聞かれた沙希は、冷たい笑みを浮かべて答えた。

「不安でしたら、今夜は徹夜をしてでも応対話法の訓練をしましょう。覚悟して下さい」

「はい。是非お願いします。Q＆Aなんかも作ったほうがいいですね」

沙希は、首を横に振った。

「謝罪会見でもそうですが、Q＆Aなんて役に立ちません。そんなものを取材の場には持って行けませんし、想定しなかった質問が出た時に慌てるだけですから。作るならQ＆Pすなわち、質問を大きく分類して、答えのポリシーだけを作っておく。それに沿って回答するのが一番です」

「Q&Pですか……」

「せいぜいA4一枚か二枚。暗記できる範囲で、内ポケットに収まるサイズ。しかし今回は、それを作る時間もありませんので、私がみっちり教えて差し上げます」

「ありがとうございます！」

有村の嬉しそうな返事を聞いて、沙希は信頼関係を構築できたと確信した。

結局、有村だけ残ることになり、二時間を超える特訓が終わったのは日付が変わってからだった。


翌朝、有村は席に着くと早速沙希に指示された通り、エアフィルターを送ってきた整備業者に電話をしてみた。電話に出たのは、社長を名乗る年配の声の男性だった。

「届いたエアフィルターの放射能の件をお聞きしたいんですが」

いきなり有村は本題に入った。

だが、手紙に書いてあった内容について話し始めると、意外な言葉が返ってきた。

「ああ、手紙のことですね。私は内容を知らないんです」

「どういうことですか？」

「あの手紙は私が書いたものではないからです」

「誰が書いたんですか？」

「お客さんです。うちは民間車検をやってますので、そのお客さん。車の持ち主と言ったほうがいいですかね」

有村は、思わず「はあ？　お客さんですか？」と聞き返した。

「そのお客さんが、車から外したエアフィルターを厳重に梱包しておいてくれと言って、アルミホイルやビニールを持って来たんです。不良品だから、中古車ディーラーに送り返すからと。そう言われたので、梱包しておいたら、この手紙を付けてこの宛先に送ってくれ、と言われて紙を渡されたんですよ。何か変なことが書いてありましたか？　先ほど、放射能とかおっしゃいましたが」

その言葉を聞いて有村は察した。この社長に何を聞いても意味が無いことを。

ただ一つだけ教えてもらった。その客の連絡先だ。「お詫びの気持ちを伝えたいので教えて欲しい」と言うと、社長はすんなりと携帯の電話番号を教えてくれた。口振りから、本人から「教えても良い」と了解を得ていたようだった。むしろ、その客は電話が来るのを待っているのかも知れない、と有村は感じた。


教えてもらった携帯に電話をかけると、清瀬と名乗る男性が出た。

有村がドリフト社を名乗ると、か細い声で紳士的な口調で語り始めた。

「私はビルや工場などの空調設備のメンテナンスをする技術者です。少々手荒で、ご迷惑をおかけしたかと思いますが、御社への警告と社会正義のためと思ってやりました」

「どういうことですか？」

「実は、空調の、と言っても室内ではなく室外に設置された大型の機械、そのフィルターが高濃度の放射性物質に汚染されているのです。我々の業界が所属する協会の通達で、私たちは防護服を着用して交換作業をしています」

「そうなんですか⁉」

有村は思わず大きな声を発してしまった。

「そうなんです。あまり知られていませんが。実際に、十万から五十万ベクレルのセシウムに汚染されたものが見つかっています。それも、東北地方だけでなく、中部地区にまでフィルターの汚染は拡がっているようです」

「そう言えば、静岡のお茶の葉っぱからも検出された、というニュースを見ました」

「福島で原発の建屋が爆発した時、強い風が西に向かって吹いていましたから」

「ということは、首都圏のビルや工場も、同じ状況ということですか？」

清瀬は少し間を置いてから、「その話は……、できません」と静かに答えた。

自らの仕事に関することは、守秘義務に反するのだろう。

そこで有村は質問を変えてみた。

「手紙に書いてあった十万ベクレルというのは事実ですか？」

「あくまで推測です。技師としての経験からの。しかし、汚染は確実だと思います」

「測定はされてないんですね？」

「調べてしまったら、何もできなくなってしまいます。今回のように、御社に送ることも違法になってしまう可能性があります」

「確かに、それはそうですね」

「車の整備士の方々は何も知らずに作業をしてしまっている。実際には個々のエアフィルターから被曝することはありません。エアフィルターは軽いので、キロ当たりに換算すると、高濃度になってしまうのです。しかし、それが一か所に集められると話は別です。それと知らずに作業をしている可能性があるんです。それを知らせたくて、歯止めをかけるべきだと思って、御社に送って、毎朝新聞にも通報しました」

清瀬は、熱意の籠った声で語った。

「なるほど、そういうことだったんですか……。よく分かりました」

「お願いします。中古車の業界でも、整備士に注意を喚起する通達を出して下さい」

懇願する清瀬に、有村は「お気持ちは理解しました」とだけ答えた。

そして、丁寧にお礼を言って電話を切った。

緊張する会話を終えた有村は、安堵して大きくホッと息を吐いた。

エアフィルターを送り付けてきた動機が、早く手放したいという身勝手な気持ちや悪質な嫌がらせではなく、社会正義であることを知ったからだ。

だが、その日の昼、有村は食事を取らなかった。正確に言えば、四時から始まる毎朝新聞の取材対応が気掛かりで、昼食など取る心境ではなかったのだ。そのため、送り主との会話を沙希に報告することさえも忘れてしまった。

休み時間の間、昨夜沙希から教わったことを、ノートを見ながら何度も口に出して読み返してみた。

「マスコミの報道の原動力は、被害の拡大防止、同種事案の再発防止、ステークホルダーの知る権利に応える、良き社会の実現に向けて権力者を監視する、読者の関心の高い旬な事案を報道して部数を得る、の五つ。書かれやすい記事は、驚・喜・怒・哀・楽という、人の感情を揺さぶるような話。書かれないためには、記者の関心や報道の視点を他にずらすこと。あるいは、持っている情報の根拠に、記者自身が疑問を抱くように仕向けること」

繰り返しブツブツと呟きながら、己の記憶を確認してみた。その様子を部下の女性たちから、不思議そうに見られているのを感じながら。

――まるでお経を習い始めた門前の小僧だな、と、自分自身でも思ったが、構わずに続けた。

午後四時、毎朝新聞の霧島記者は、時間通りに現れた。

電話の声や話し方で感じたよりも若く、三十代半ばの国語教師のような風貌の、頰のこけた男性だった。

案内した場所は、汚染フィルターが置いてあった会議室。沙希から指示されたからだ。

霧島記者は、のっけから単刀直入に聞いてきた。

「御社に、高濃度の放射性物質に汚染された、車のエアフィルターが届けられたそうですね。事実ですか？」

「その通りです」

「届いてから、どこに、どのように保管されているんですか？」

「届いた時には、この会議室に、このテーブルの上に置きました」

それを聞いた霧島記者は、のけ反って、椅子を引いて後ろに下がった。

「だ、大丈夫なんですか？　この部屋は」

「大丈夫です。ウイルスとは違いますから。エアフィルターを移動すれば、放射線は残りませんので。しかも、エアフィルター単体の放射能レベルは、人体に影響がないレベルですから」

有村は自分でも驚くほど、冷静に返答ができていると感じた。霧島記者の人間味溢れた反応を見て、恐怖心や緊張は更に薄れた。その場所を選んだ沙希の策略を改めて理解し、同時に感心もしていた。

霧島記者は、有村の説明で安心したのか、穏やかな口調で質問を続けてきた。

「今はどこに保管してあるんですか？」

「このビルの地下二階です。クーラーボックスの中にセメントを流し込んで、その中に梱包されたままの状態で沈めて、それを金属製のキャビネットに入れてあります」

「十万ベクレルですよね。それで大丈夫なんですか？」

「実は、今朝ほど送り主と電話で話しました。ご本人が言うには、実際には放射能を測定しておらず、推測した数値だそうです」

有村が言うと、霧島記者は驚きを隠さなかった。

「えっ、そうなんですか？　弊社に入った電話では、ご本人は専門家で、確定的な数値のように言ってましたが」

霧島記者はあっさりと、暗に送り主を情報源と認めてしまった。有村は驚いたものの、気付かないふりをして答えた。

「確かに、空調設備の専門家で、空調のフィルター交換などをしている技師だそうです。だから、数値に大きな誤差はないかも知れませんが」

「なんだ、そんな話ですか。十万ベクレルは事実ではないんですね」

「そうですね。弊社も測定しておりませんので」

霧島記者は落胆の色を隠さなかった。

「測定されるご予定は？　そのクーラーボックスは、どうするおつもりですか？」

「とりあえず、セメントが固まるまで待ちます。一週間程度でしょうか。その後で、法律に則って処理をしたいと考えております。だから、被害の拡大はありません」

「私も、こちらに来る前に環境省に問い合わせました。車の整備業者に、エアフィルターを取り扱う際の注意事項を通達すると言ってましたね」

「それはありがたいですね。もうこんな事はこりごりですから」

「御社は全国に拠点がありますよね。同じように、エアフィルターが送られてきたことはありませんか？　特に東北地方の拠点で」

「聞いておりません。しかし、送り主の方もおっしゃってましたが、汚染は関東や中部にまで拡がっているようです。今後、見つかる可能性は高いような気がします」

「えっ、中部地区まで？」

霧島記者は驚きの声を上げた。

それを聞いた有村は、しめた！　と心の中で呟いた。

沙希から『記者は驚いた話に喰いついて記事にする』と聞いていたからだ。

有村は更に追い討ちをかけるように言ってみた。

「整備業者だけでなく、新車のディーラーにも届くでしょうね。民間車検よりもディーラー車検のほうが多いですから」

「なるほど。新車のディーラーにも取材してみましょう」

記者の関心を逸らすために、有村は更に駄目押しをした。

「車も大変な問題ですが、ビルやマンションの空調のフィルターも大変だと思います」

すると霧島記者は予想通り、鋭い目をして喰らいついてきた。

「ビルやマンションの空調？　なるほど、エアフィルターの送り主から聞いたんですね。確かに、車のエアフィルターとは比較にならない濃度かも知れませんね。サイズが大きいから」

「それは分かりませんが、空調の協会から防護服を着用するように通達が来た、と送り主は言ってました」

「ほう。それなら協会に取材すれば実態が分かるかも知れませんね」

言いながら、霧島記者は何やらメモを始めた。

書き終えると、「ヒントを頂いて、ありがとうございます」とだけ言って、席を立ってしまった。

彼の関心は、既に新車のディーラーや空調の協会に移った、と有村は確信した。

エレベーターホールまで見送り、ドアが閉まると有村はホッと胸を撫で下ろした。それと同時に、心地好い空腹感と、喉の渇きを覚えた。自販機コーナーへ行ってスポーツ飲料を買おうとしたが、売り切れていた。やむなく売れ残っていた炭酸飲料を、泡にむせながらも一気に喉に流し込んだ。

飲み干した空き缶をゴミ箱に捨てると、有村は携帯を取り出し、その場から沙希に電話をかけた。

「橘先生、ありがとうございます！　概ね、うまく対応できたと思います。十万ベクレルという数値が、推測だと知ってガッカリしてました。新車のディーラーにも取材すると言っていました」

「うまく矛先を逸らせたんですね」

「記者の関心は、ビルやマンションの空調のフィルターに移ったようです」

「えっ、ビルやマンションの空調？　何の話ですか？」

慌てた様子で沙希が聞いてきた。

「実は今朝、エアフィルターの送り主と話しまして、その中で出てきた話です。彼はビルやマンションの空調をメンテナンスする技術者で、空調のフィルターも高濃度に汚染されていると言っていました。記者の関心を逸らすために、その話をしました。いけなかったでしょうか」

「あっ、いえ、大丈夫です。ただ私、大手の不動産会社の仕事もしてますので、つい、そちらが心配になって」

「えっ！　それは失礼しました。橘さんにご迷惑をおかけするようなことをして……」

「大丈夫です。そちらはそちらで、きちんと対応致しますので」

「そ、そうですか、すいません……」

恩を仇で返してしまった有村は、気まずい心境に陥った。言葉が見つからなくなってしまい、お礼の言葉を述べると早々に電話を切った。


翌日の早朝、有村は騒がしい音で目覚めた。七日目を間近に迎えた蝉が、自宅マンションのバルコニーに迷い込んで鳴いているらしい。起きるとすぐに郵便受けに向かって、祈るような気持ちで毎朝新聞を開いた。

幸いなことに、車のエアフィルターの記事は、どこにも無かった。その後で、ビルやマンションの空調フィルターの記事も探したが、それも見つからなかった。

有村はホッと胸を撫で下ろした。

午前八時。沙希は穂積とともに出社し、毎朝新聞をチェックしていた。

「沙希さん、成功ですね。どこにも記事はありません。毎朝の社会部長、沙希さんの知り合いですよね。頼んだんですか？」

穂積は嬉しそうな表情で、沙希の顔を覗き込んできた。

「馬鹿ね。社会部長は部下に対して、人間関係や圧力でも筆を折らないように、指導する立場よ。記事を書かないように頼むなんてできないし、頼んでも記事は止まらないわ」

「なら、ドリフト社の有村さんが、上手に対応したんですね。あの訓練は、横で聞いていた僕が、ハラハラするくらい厳しかったから」

「厳しく話したのは、被害者意識を取り除くため。でも口調は優しかったでしょ」

「確かに……！　有村さんは最後には、沙希さんを〝先生〟と呼ぶくらい、すっかり信頼し切っていましたね」

沙希は、最初は頷きながらも、最後は首をかしげた。

「うまくいったのは良かったんだけど……。それがねぇ、喜んでばかりいられないのよ。有村さんが、車のエアフィルターから記者の目を逸らすために、ビルやマンションの空調フィルターの話をしたようなの。うちのクライアントに影響が出るかも……」

沙希が言った途端に、穂積の顔から、明るい表情が消えた。

「大丈夫なんですか？」

「クライアントから相談が来たら、何とかするしかないわね」

「沙希さん、この放射性物質の話は、いつまで尾を引くんでしょうか」

「そうね。セシウム１３７の半減期は約三十年。けど、車の耐用年数は約十年。だから、福島原発の事故から十年が経過しないと、この話題も半減期を迎えないわね」

「新車が汚染されて十年だと、それより耐用年数が短い中古車は、もっと早く廃車になって減っていきますね」

「そうね。環境省に確認したら、早めにエアフィルターの交換をするよう通達を出すと言っていたわ。案外早く半減期を迎えるかも知れないわね」

「確認なんて客観的な言い方をしてぇ。本当は沙希さんが頼んだんでしょ、環境省に。あのクーラーボックスの処分も頼んだんですか？」

　笑顔で頷きながら、「専門の業者が引き取りに行くそうよ」と答えると、穂積が悪戯っぽい表情で言葉を返してきた。

「沙希さんの警察ＯＢとしての影響力は、半減期を迎えませんね」

「意識して人間関係を維持すれば、年を取るほど影響力は増すわね。相手が偉くなっていくから。環境省の友人も、課長になっていたわ」

「年を取るほどですか。女性としての魅力と反比例ですね」

「あっ！　今、何か言ったか。それはセクハラ発言だ。貴方も口にフィルターを付けたほうがいいわよ！」

「い、一般論ですよ。沙希さんのことじゃありませんから」

その後、現在に至るまで、汚染されたエアフィルターの件は、一行たりとも報道されていない。

第三章　ストーカーにストーキング

十八歳の春、沙希は幸福感で満たされていた。第一志望の一橋大学法学部に入学し、念願だった寮生活を始めていたからだ。

国立《くにたち》駅の近くにあるその寮を初めて訪れた時、正直なところやや期待外れだった。築三十年前後で、二人一部屋の狭い相部屋だったからだ。諸手を挙げて喜ぶほどではなかったが、相模原の古びた一軒家を離れたかった沙希は、それでも満足していた。

女子寮の桜は萎《しお》れた花びらを落とし、既に新芽が顔を覗かせていた。新たな生活をスタートさせた沙希の心境を、まるで代弁しているかのように思えた。

だが、そんな沙希の幸福感は、一人の男の出現によって吹き飛ばされてしまった。見知らぬ若い男性が、付きまとうようになったのだ。その男は昼間に女子寮の周辺に姿を見せ、夜には沙希のアルバイト先にも現れたりした。近寄って来る気配は無かったが、物陰から様子を窺っている。だが、浅黒い肌に大柄で筋肉質な体型は、遠目でも判別できてしまう。

いくら気丈な性格の沙希と言えども、気持ちの良いものではなかった。しかも、まだ具体的な被害がない。警察に行くにも気後れし、やむを得ず、父・蔵ノ介に電話をかけてみた。

「お父さん、変な男をバイト先や寮の周辺で見かけるの。何だろう？」

「えっ、どんな奴だ？　いつ頃からだ？」

「寮に引っ越して間もなくかな？　帽子を被った大柄な男なんだけど」

「近寄ったり、話しかけてくるのかい？」

「それは無いの。ただ……監視されているというか、後を付けてきているような」

「うーん、何だろう。とりあえず用心しなさい」

「用心って、何をすればいいの？」

「なるべく一人で出歩かないとか、夜道を歩かないとか……」

蔵ノ介の凡庸な言葉に、沙希は思わず溜め息をついた。

「ケーキ屋さんのバイトが終わるのは九時だから、遅くなるのは仕方ないでしょ！　バイトができなくなっちゃうわ」

「あっ、そ、そうだったな。仕送りしてやれないから……。母さんが亡くなってから、苦労かけっぱなしで申し訳ないね……」

苦しい生活をさせてきた事に負い目を持つ父は、いつも通りの言葉を口にした。

責めるつもりはなかったが、沙希は、口調が強くなってしまったことを悔やんだ。

「何言ってるの。お父さんには感謝の気持ちしかないよ。お父さんしか頼る人がいないから電話したのよ」

「悪いな、頼りない父親で……」

蔵ノ介は消え入りそうな声で詫びた。

その言葉に、頬がこけて頭髪の薄くなった父の顔が浮かぶ。

「そんなこと、無いってば！　お父さん」

「う、うん、分かったよ。私にも、案が無くはないんだが。けどなぁ……」

蔵ノ介は何かを逡巡《しゅんじゅん》している様子だった。

「無理はしないでね、お父さん」

「うん。ちょっと考えてみるから、明日もう一度電話してくれるか？」

「ありがとう、お父さん。バイトが終わったら電話するね」

約束をして電話を切った。


翌日の夜、寮の公衆電話から実家に電話をすると、待ち構えていたかのように蔵ノ介が出た。その声は、何かが吹っ切れたように明快だった。

「良い方法が見つかったよ。私の知人で警察の幹部がいて、その人が相談に乗ってくれる。この週末に、国立へ行ってくれるそうだ。週末の土曜は寮にいるかい？」

「うん、いるよ。幹部って、どんな人なの？」

「警察署の署長で、私の幼馴染みなんだ」

「へぇー。どこの署長さんなの？」

「あぁ、ええと……水野さんって言うんだが、国立は管轄が違うから、内緒で動いてくれるそうだ。だから、大きい声では言えないのだが……実は、東京の丸の内警察だ」

丸の内警察と聞いて沙希は驚いた。そして、心強く感じると同時に、父親の愛情が心に沁みた。自分のために、東京の警察署長に頭を下げてくれたのか――。

「ありがとう、お父さん。水野さんが国立駅に着く時間を後で教えてね。駅の南口の交番前で待ってるから。本当にありがとう」


週末の午後一時、沙希は国立駅の交番の前で立っていた。すると、白髪交じりの中年男性が、改札の方向から近付いて来た。

「沙希さん、橘沙希さんですか？」

「はい！　橘です」

沙希は、緊張しながらもはっきりとした声で答えた。

「お父さんの友人の水野です」

「私のために、こんな所まで来て頂いて、ありがとうございます！」

深くおじぎをしながら、自分の声が少し弾んでいるのを感じていた。

若い頃は、より男前だったであろう端整な顔立ち。ひき締まった長身のスーツ姿に穏やかな声は、予想していたよりも遥かにダンディだったからだ。父の同級生とは、到底思えなかった。

挨拶を終えると、水野に促されて近くの古びた喫茶店に入った。コーヒーの香りが漂う薄暗い店内。客はまばらだったが、水野は一番奥の席に座った。他人に話を聞かれずに、話しやすくするための配慮なのだろう。沙希は水野の心配りに感謝した。

水野がホットコーヒーと沙希のココアを注文したところで、沙希は付きまといの経緯を話し始めた。

水野は経緯を聞き終えると、沙希の近況を詳しく聞いてきた。

「趣味とか特技とかも話してくれるかな？　その男との接点が分かるかも知れないから」

「スポーツは、小学生の時から水泳をやってきました。趣味と言えるほどのレベルではありませんが、写真を撮るのが好きです。と言っても、安物のカメラしか持っていませんが」

「あっ、そう。得意なのは、クロール？　平泳ぎ？」

妙なことを聞くなと思ったが、沙希は素直に答えた。

「どちらかと言えばクロールですけど……？」

「あっ、そう。私もクロールが得意だったな。蔵くんも速かった」

「蔵くんって、父のことですか？」

「そうです。私は名前が誠だから、マコロンと呼ばれてたんです」

「マコロン？　マカロンのことですか？」

「語源は同じかも知れないけど、昔の甘いお菓子の名前です。茶色で丸くて。僕は肥満児だったから、コロンとしていた。しかも色黒。だから、蔵くんが付けたあだ名だったけど、僕は嫌だったなぁ」

笑いながら〝僕〟と語る水野の顔は、マコロンと呼ばれた少年の頃の無邪気さが感じられた。

「本当に、仲良しだったんですね」

「よく喧嘩もしたけど、いつも一緒に遊んでた。気が合うというか、同じ遊びが好きでね。川泳ぎで競争したり、隠れ家を作ったり、カブトムシをつかまえたりね」

「今も父とよく連絡を取り合っているんですか？」

「いや、もうしばらく疎遠になってしまっているね。お互い仕事も家庭もあるし、職場が東京になってしまったこともあってね。一人で行動することも多くなって、ある時からカメラに夢中になってしまったんだ」

「えっ、水野さんも写真を？」

「妻にはほどほどにしろと言われるけどね。警察は、写真や映像から真実を見つけ出すことが多い。それで私も、写真にのめり込んでいったんだよ」

「えっほんと⁉　あっ、すみません。つい、言葉遣いが……」

「いやいや、いいんだ、それでいいんだよ」

包み込み、諭すような声で水野は言った。その声と言葉に不思議な感覚を覚えた。初対面とは思えない親近感。特技や趣味だけではなく、話し方のテンポまで近いものがある。

「ところで、なぜ実家を出て寮に入ったのかな？　通えない距離ではないと思うんだけど」

「父の仕事が……本屋の仕事がうまくいってなくて、怖い借金取りが来るので……」

「えっ！　借金取り？」

「玄関の戸を叩いて、大声で怒鳴るんです。『金返せ！』って」

「そ、そんな……」

「父が私のために、住民票を一時的に県外に移して、通学不能ということにして何とか入寮できたんです」

「そこまでして――」

水野は言葉をつまらせ、顔を歪めた。

「夜中にまで電話がかかって、出るといきなり怒鳴るんです。サラ金の男が」

「そうか……、そんな生活を、沙希ちゃん――、いや蔵くんは……。辛かっただろうね。私は何も知らず、何もしてやれなかったんだね」

水野は、まるで自責の念に駆られているかのように、苦しげに呟いた。

「えっ？　何もだなんて、どうしてそこまで……？」

その言葉に違和感を覚えた沙希は、思わず聞き返した。

「そ、それは、ほら、僕とお父さんは親友だから」

「あぁー。水野さんは本当に優しい方なんですね。父が羨ましいです」

「沙希ちゃんも、私を親友みたいに思って下さい」

「親友？　とんでもないです！　そんなおこがましいこと――」

「なら、伯父さんはどうかな？　蔵くんとは兄弟みたいなものだったから」

「では、敬意を表して、伯父様と呼ばせて頂きます」

「伯父様か。ちょっと、こそばゆいな」

照れる水野を見て、沙希はクスッと笑った。

すると、水野も照れ隠しのためか、コーヒーを一口飲んだ後、大声を出して笑い返してきた。

カップを置くと、一転して水野は厳しい表情で切り出してきた。

「……さて、今後の対策ですが、私の指示に従って下さい。危険ですので」

「わっ、分かりました。どうすればいいですか？」

「まず、相手の正体を突き止めましょう。心当たりはありますか？」

「ない……と思います。しっかり見てませんけど。話しかけられると嫌ですから」

鍔《つば》付き帽子の下から向けられたじっとりとした視線を思い出し、嫌悪感がこみ上げてきた。

「正解です。目を合わせるのは危険です。相手に話しかけるきっかけを与えてしまいますからね」

少しホッとした。心の底では、睨みつけてやろうかと考えながらも、ためらっていたからだ。

水野はそれを察したかのように、覗き込むような目を沙希に向けた。

「沙希ちゃん。睨みつけるなんて、間違ってもしないで下さい」

心を見透かされた沙希は、自分の目が泳いで、顔が紅潮するのを感じた。

「見つめずに、チラッと顔を見るんですか？」

「それは難しいから、カーテンやブラインドの隙間から、双眼鏡で見るんです」

水野は「これで」と言いながら、鞄の中から黒いカードケース型のオペラグラスを取り出した。

「分かりました。バイト先のケーキ屋さんの窓に、ブラインドがありますので」

「注意深くやって下さい。それから、その男が本当に沙希ちゃんを狙っているのか、確認する必要があります。言い換えれば、付きまといの証拠を得るんです」

「付きまといの……証拠」

「えぇ、そのために不自然な行動確認をするんです」

「不自然な行動確認？」

聞き慣れない言葉に、沙希は首をかしげた。

「例えば、上りのエスカレーターで昇って、すぐに下りのエスカレーターで降りるなんて、普通はしませんね。明らかに不自然な行動です。でも、沙希ちゃんに付きまとっているのなら、男は釣られて後を付けてくるでしょう。それをビデオで撮影するんです」

「なるほど。でも、どうやって撮影するんですか？」

「大丈夫です。警察のＯＢがやっている調査会社があるので、私が手配します」

「そんなことまで……なんかすみません、ありがとうございます！」

「私は、沙希ちゃんの伯父様ですから」

水野は眉毛を吊り上げ、目を大きく見開いた。その表情がコミカルで、また沙希はクスッと笑ってしまった。心に纏《まと》わりついていた不安も、いつしか安堵に変わっていた。

喫茶店を出た沙希は、水野とともにアルバイト先に向かった。「付きまとい男が近辺にいるかも知れない」と水野に言われたからだ。また、「撮影をする調査員の配置場所を、あらかじめ決めておくためにも」とも言われた。

ケーキ屋までの二十分足らずの時間だったが、水野は辺りを見渡しながらも、様々な質問をしてきた。口調は優しかったが、まるで時間を惜しむかのごとく、次から次へと聞いてきた。同窓会で再会した友人同士が、離れていた時間を埋めようとするように。

沙希は男がいることを、半ば期待してケーキ屋までの道を歩んでいた。これまでとは全く逆の心境だ。会って二時間ほどにもかかわらず、水野が大きな心の支えになっているのを感じた。

だが、ケーキ屋の近くに差しかかっても、男の姿は見当たらなかった。

――そういえば、週末よりも平日の夕方から夜にかけて、出没することが多かった。

そのことを告げると、水野の眼光が鋭くなった。

「それは、その男の職業と関係があると思いますね。週末は忙しい仕事なのかも知れません。逆に、夜は仕事をしない業務とか」

「なるほど。そういうふうに分析されるんですね」

「先ほど聞いた男の風体。短髪で体格が良くて、ジーンズにポロシャツという服装から推察すると、肉体労働者の可能性が高いでしょう。あまり夜は働かず、休日に働くことが多い。引っ越し業者とか」

水野の言葉に、思い当たる節があった。沙希は、ゆっくりと記憶を辿りながら答えた。

「そういえば、先月の中頃に引っ越しをしました。作業員の方が二人来て……。確か、二人とも短髪で体格が良かったような……」

「なるほど、その線は可能性があるな。沙希ちゃん、その人たちに何か、親切にしたとかありませんか？」

「うーん、あっ、スポーツ飲料を差し上げました。汗をいっぱいかいていたので」

「うむ。それを勘違いした可能性はありますね。親切を好意と」

「えっ、好意？　そんなふうに思うんですか？」

「そうです。期待感があれば、小さなことでも、好意の証拠と感じてしまうんです。人を殺した人が、後ろめたさや恐怖心から、枯れススキを幽霊かと思ってしまう。それに似た現象です」

「警察の方って、心理学者みたいですね！」

沙希は興味深そうに水野の顔を覗き込んだ。

「確かに、人間や人間社会を洞察する力は必要ですね」

「面白そうですね。私も将来、警察に就職しようかな」

興味とともに、好意の気持ちを込めたつもりで沙希は呟いた。

だが、それを聞いた水野は真顔になり、低い声に変わった。

「殺人犯や暴力団とも対決するんですよ。今回の男よりも、遥かに怖い相手と」

「そ、そうですね」

水野の思わぬ反応に、沙希は自分の安易な発言を後悔した。

それを察したのか、水野は話を切り換えてくれた。

「今度その男が現れたら、この人に、すぐに電話して下さい」

そう言いながら水野は、一枚の名刺を取り出した。

そこには、『警備課長　伊藤隆一』とあり、その下にシークレット・ブレーン株式会社と書かれていた。

「この伊藤課長さんに、お電話すればいいんですね」

「そうです。彼には事情も戦略も話しておきます。彼は機動隊にもいた柔道の猛者《もさ》です。沙希ちゃんを守ってくれるでしょう。一度、事前に連絡を取って、行動確認をする場所なんかも打ち合わせておくといいでしょう」

「エスカレーターのある場所ですね」

「そう。沙希ちゃんは呑み込みが早いね。頭がいい」

「とんでもないです。水野さんのほうこそ。私は付いて行くのが精一杯です」

「僕らは似ているのかも知れないね」

噛み締めるように言ったその唐突な言葉と表情に、沙希は一瞬戸惑った。だが、共通点が多々あるとは感じていたので、明るく「私の伯父様ですから」と返した。

「そうでしたね。可愛い娘、いや姪っ子だ、沙希ちゃんは」

満面に笑みを浮かべて立ち話をしていると、コック帽を被った太った主人がケーキ店から出て来た。

それを見た水野は、慌てたように別れを告げて去って行った。身分を明かせない、隠密の行動だからだろう。だが水野は、別れ際に名刺を渡してくれた。

「何かあったら」と言い残して。


それから五日ほど経った平日の夕刻、男はケーキ店の近くに現れた。沙希は急いでシークレット・ブレーンの伊藤課長のポケベルを鳴らした。そして、水野から渡されたオペラグラスで、ブラインドの隙間から男を見てみた。帽子を目深《まぶか》に被って電柱の陰に隠れているため、顔はよく見えなかったが服装は確認できた。ブルーのジーンズに紺色のポロシャツ。ダークグリーンの野球帽には、NYのロゴが入っていた。

沙希は店主に事情を話し、その日は七時にアルバイトを終えることにした。既に伊藤は店に到着していて、客のふりをして、店内から男の様子を観察してくれていた。中肉中背ながら太い首と潰れた耳。えらの張った頑丈そうな顔。沙希は頼もしく感じた。

伊藤の合図で沙希が店を出ると、慌てて男が身を隠した。そして、歩き始めると、目の端に男が動き出すのが見えた。後を付けてくるのだろう。だが、沙希に恐怖心はなかった。伊藤が、更にその後を付けてくると知っていたからだ。

沙希は後ろを振り返ることもせずに、駅の近くにあるスーパーに向かった。そのスーパーなら二階建てで、上りと下りのエスカレーターが隣り合わせに並んで設置してある。

一旦昇ってから、すぐに下りに乗れば、後を付けて昇ってくる男の顔を見ることができるだろう。

沙希は伊藤の指示通り、上りのエスカレーターに乗って二階に着くと、きびすを返して下りのエスカレーターに乗った。向かい合わせになると、男は一瞬たじろいで顔を伏せた後、一転して沙希と目を合わせるように見つめてきた。沙希も男の顔を確認しようとして、じっと見つめてしまった。目が合うと、男は突如「あっ、こんにちは」と挨拶をしてきた。沙希は慌てて目を逸らし、気付かないふりをした。だが、その直後、人気の少ないエスカレーターを、駆け足で上っていく足音が聞こえた。

ちょうどその時、上りのエスカレーターに乗った伊藤と擦れ違った。手にはビデオカメラを持って、二階の方向を撮影していた。その瞬間だった。後ろから、タッタッタと駆け下りてくる靴音が聞こえた。驚いた沙希は、エスカレーターを、急ぎ足で下った。そして、フロアに着いた直後、大きな声で後ろから呼びかけられた。

「橘さん！　沙希さん！」

それは、男の足音が間近に迫った時だった。沙希は男の声だと思い、思わず身をすくめた。だが、男も慌てた様子で、沙希の横を一目散に走り去って行った。その声に驚いたのは、自分だけではなかったようだ。

近寄ってきた伊藤に、沙希は興奮さめやらぬままに訴えた。

「びっくりしました！　あの男の声かと思って。心臓が飛び出すかと思いました」

「危ないところでした。話しかけられたら、面倒な事になりますので」

「そうですね。私、失敗しました。男と目を合わせてしまったんです」

「顔を確認したかったからでしょう。新米の警察官も、よくやってしまいますよ」

「そうなんです……。でも助かりました。やはり、引っ越し業者の人でした」

「そうですか。相手が分かれば打つ手があります。追尾の様子、言わば証拠も撮れましたから」

「そうですか！　撮れたんですかぁ。ありがとうございます」

沙希が声高にお礼を言うと、伊藤は笑顔で首を横に振った。

「お礼なら、水野さんに言って下さい。あなたのこと、本当に心配していましたから」

「水野さんには本当に感謝してます。父の友人でしかないのに」

「そうですよね。でもまるで娘を見守る親のようでしたよ。雰囲気や強気の性格もどことなく似ていますし」

「趣味とかも似ていて、伯父様って呼ばせてもらってます」

「水野さんは警視庁でも伝説の刑事だった人です。沙希さんも警察の仕事が向いているかも知れませんね。正義感や探求心が強そうだから」

「ただ気が強いだけの、田舎っ子ですよ」

照れ隠しの言葉を口にしながらも、沙希はまんざらでもなかった。

幼い頃から、暴力的なサラ金の取り立てに苦しむ両親を見てきた。そして、今回は自らの危機を警察関係者に救ってもらった。また、その手法が緻密かつ戦略的で、沙希の知的好奇心を目覚めさせるものがあったからだ。

それから二週間ほどして、沙希は伊藤に電話をした。

「伊藤さん、ご報告です。おかげさまで、あれから、あの男は一度も現れていません」

「そうでしょう。もう、大丈夫だと思いますよ」

「えっ、なぜ分かるんですか？」

「あれから、水野さんの依頼で、私があの男を尾行し続けたからです」

沙希は驚きを隠せず「エーッ！」と感嘆の声を上げた。

「付きまとい男に、付きまとったんですか？」

「まあ、そういうことです」

「それで、どうなったんですか？」

「あの男が私に話しかけてきましたよ。なぜ後を付けてくるのか、と」

「それで、何と……」

「私は警察のＯＢで、橘沙希さんの警護をしている者だ。沙希さんに付きまとうから、君の身元を調べている、と」

「そうしたら、何て言ったんですか？」

「付きまとっていないと言うから、スーパーのエスカレーターの時の話をしました。そうしたら、青ざめた顔をして、逃げて行きましたよ」

「それだけで、来なくなるものですか？」

沙希が確かめるように質問をすると、伊藤は言葉を選びながら慎重に答えた。

「それと……水野さんが、手を打たれたようなので」

「手って、何かして下さったんですか」

「これは、あくまで私の推察です。引っ越し業者は警察との対立を恐れるものです。作業中に車を離れることがあるので、警察が重点的に駐車違反を取り締まったら、仕事がしにくくなってしまう。だから、警察、それも幹部から注意されたら、決して無視はできません。お宅の社員が客の女性に付きまとっているぞ、なんて言われたら」

「あぁ、なーるほど」

沙希は安堵とともに驚きを感じていた。そこまでしてくれた水野に。

しかし、伊藤は完全には沙希を安心させてくれなかった。

「沙希さん、油断はしないで下さい。付き合っていた男女ではないので、可能性は低いと思いますが。雇用主や上司から叱られて、相手が逆恨みや逆切れをすることもあります。しばらくは、あの男の姿の有無を、確認するようにして下さい」

「また現れたら、どうしましょうか」

「すぐに私に連絡して下さい。また私が仕返しの尾行をしますから」

「それなら安心です。その時は、宜しくお願い致します」

伊藤との電話を終えると、すぐに水野に報告とお礼の電話をかけた。しかし、受話器越しの声は喫茶店で話していた伯父様と違い、淡白で、事務的なものだった。一通り沙希が報告しても、水野は「そうですか、良かったですね」と短く返答しただけだった。

もっと話したいと思っていた沙希は寂しさを感じたが、父・蔵ノ介の「内緒で動いてくれる」という言葉を思い出し、今後は、よほどの報告が無い限り連絡を控える事にした。

その後、あの男が沙希の視野に入ることは、二度と無かった。

そして、水野もまた、沙希の前に現れることは無かった。

この出来事から四年後の春、沙希は警察庁に入庁した。そして、直ちに大阪府警捜査三課への出向を命じられた。その時既に、水野はノンキャリアとしては最高の地位である、警視庁本部の部長にまで上りつめていた。

初出勤の朝、沙希は満を持して恩人である水野に電話をした。警察庁への就職と大阪府警への出向を報告したかったからだ。心の中では、「付きまとい事件を解決して頂いた時の感動が、警察を志望する動機になりました」という言葉を、何度も繰り返していた。心の片隅には「伯父様」と呼んでみたい、そんな期待すら抱いていた。

だが、電話に出た水野は、四年前にお礼の電話をかけた時よりもさらに、他人行儀で冷淡だった。

「ああ、橘沙希さん。覚えていますよ。入庁のこともお父さんから聞いています」

「東京へ帰った折に、一度ご挨拶に伺いたいのですが」

沙希の言葉に、一瞬の間を置いてから水野が答えた。

「それは、必要ありませんよ。管轄が違いますから、望ましいことでもありません」

「えっ、でも……」

「いずれ、ご一緒に仕事をする機会もあるでしょう。その時にお会いしましょう」

冷たい対応に言葉を失っていると、カチャリと静かに電話は切れた。

ツーツーという不通音だけが流れる受話器を、沙希は暫くの間握り締めていた。

受話器を置いてからも、放心したように天を仰いでいると、上司の岡谷課長が声をかけてきた。

「橘君、どうしたんだ？」

沙希は、思わず正直な言葉を口にした。

「父の友人である、警視庁の水野交通部長に電話をしたら、とても冷たくされました」

「当たり前だろ。新人が直接電話するほうがおかしいよ。偉い人なんだから」

課長の言葉に、沙希は我に返った。そして、自分に言い聞かせるように呟いた。

「そうですね。ここは、警察は階級社会ですからね」

「その通り。君はキャリアなんだから、偉くなって見返せばいい。もっとも、その頃には水野部長は、退官されてるだろうけどね」

その課長の言葉は、反骨心の強い沙希の闘志に火をつけた。

――絶対に偉くなってやる。

沙希は、そう心の中で誓った。


そして、十七年の歳月が流れた。二〇一二年の四月、沙希は三十八歳で警視庁広報課長に就任した。そのポジションは、歴代の警視総監を輩出してきたエリートコースだった。沙希は心に誓った通り、出世街道を驀進《ばくしん》してきたのだ。そして、警視庁内部で『初の女性警視総監候補か』との噂があるのを、自分でも耳にすることがあった。

沙希は自ら望んで刑事畑を歩き、多くの難事件を解決してきた。とりわけ、ストーカー事件や闇金融の摘発には、誰よりも執念を燃やした。生い立ちや辛い経験が根底にあることは、自分自身でもよく分かっていた。

広報課長に就任して間もなく、沙希に一本の電話が飛び込んできた。

「お父様の病状が急変したので、直ちに病院に来て下さい」

末期のすい臓ガン――発見した時には既に手術ができない状態で、地元の病院で闘病生活を送っていたところだった。

実家の近くにある市民病院は、建物も設備も老朽化していた。そのため、沙希は警察病院への転院を勧めた。

しかし、「どうせ助からないから、丹沢の山々を見ながら死にたい」と、この時ばかりは頑として首を縦に振らなかった。

「それなら、せめて個室に移って欲しい」と願うと、沙希に負担をかけたくないと口にしていたが、しぶしぶ聞き入れてくれた。

沙希の実家は、丹沢山系を背景にして広がる、相模原台地の小さな駅の近くにあった。

父は代々続く小さな本屋を営んでいたが、活字離れのあおりで経営が苦しいことを沙希も知っていた。そのためか、父は重い本を朝から晩まで宅配していた。今は亡き母も家計を助けるため、スーパーのレジのアルバイトをしていた。それでも貯金など無かったため、沙希の学費を納めるために、質屋通いまでしていた。文字通り、命を磨り減らして沙希を育ててくれたのだ。

それだけに、親子の絆は強かった。


山岳風景が見える病室は最上階の五階にあったが、一刻も早く父の顔を見たかった沙希は、階段を駆け上がって病室に辿り着いた。

息を切らせる沙希を見て、蔵ノ介は反射的に上体を起こそうとした。だが、衰弱した身体は言う事を聞かない様子だった。

蔵ノ介は諦めたのか、手だけを沙希に差し伸べてきた。

「沙希……」

絞り出すような力のない言葉だった。

差し出された手を両手で握ると、蔵ノ介は静かに笑みを浮かべた。そして、涙を流しながら、無言のまま何度も頷いた。

「お父さん……」

命の灯が残り少ないことを察した沙希は、ただ手を握ることしかできなかった。

だが、その手にも力は無く、体温も幾ぶん低いように感じた。

丹沢の山々が見える西向きの部屋は、まだ夕陽に照らされて暖かかった。しかし、このままでは夕陽が沈むとともに、蔵ノ介の手も冷たくなってしまう——。そんな不安を抱いた沙希は、手にぐっと力を込めた。

すると、やや深い呼吸をして、息を整えてから蔵ノ介が語り始めた。

「沙希や。これから話すことは、本当は話したくなかった。お前にも私にも、とても辛い話だから」

そこまで言うと、蔵ノ介は意を決したように、沙希の手を放した。

意表を突かれた沙希は、父の意図を理解しようと、必死に考えてみた。

——手を握ったままでは話せないと思ったのだろうか、あるいは私が手を放してしまうのを恐れたのかも知れない……。

突然、蔵ノ介は真剣な目をして、強い口調で言った。

「お前は私の子だ。私が育てた子だ」

「そ、そうよ。そんなこと、当たり前でしょ……？」

「だが、本当の父親は別の人だ」

「えっ、どういうこと？　何を言い出すの」

呆気にとられながら、沙希は我が耳を疑った。

「お母さんが死んで、また私まで死ぬと、お前は天涯孤独になってしまう。だから、辛いけど……話す決心をした。お前には、貧乏で、満足に何も買ってやれなかった。せめて、最後に……」

そこまで言うと、蔵ノ介は嗚咽《おえつ》を漏らし始めた。

そして、うわずった泣き声で「何か……残してやりたいから……」と声を絞り出した。

沙希は首を横に振りながら、小声で呟いた。

「そんな話……言わないで。聞きたくない……」

だが、蔵ノ介は続けた。

「お前が大学に入学して、ストーカーの被害にあった時、助けてくれた水野さん。あの人が本当の父親だ」

沙希の脳裏に、その時の記憶が走馬灯のように駆け巡った。初対面にもかかわらず過剰なくらい親身になってくれたり、伊藤さんからは性格まで似ていると言われたり。今思えば、趣味や特技を聞かれたことも不思議ではあった。そんな場面が次々と重なり、いやが上にも蔵ノ介の言葉に信憑性が高まるのを感じた。

言葉を出せずにいる沙希に、蔵ノ介は語り続けた。

「あの時に……、迷ったんだが、会わせておいて良かった」

蔵ノ介が強く目を閉じると、大粒の涙がこめかみを伝った。

「お前が警察庁を志望すると聞いて……私は本当に驚いた。血は争えないと」

「それは……事実なの？　じゃあ……本当のお母さんは？　お母さんは誰なの？」

沙希が聞くと、蔵ノ介は再び目を閉じ、少し間を置いてから話し始めた。

「お前が知らない人だ。私も会ったことはないが……」

「えっ、お母さんとも血が繋がってないの？　それじゃ、私は実の娘じゃないってこと？」

「いや、戸籍上は実の娘だよ。生まれて直ぐに来たから。親しい助産婦さんに出生証明書を書いてもらって、実の娘として届けた」

「そんな……それじゃあ、嘘の出生届を出したの？」

一瞬躊躇した後、「そうするしかなかったんだよ」と蔵ノ介は吐き出すように言った。

その言葉に、法の番人を職業とする沙希は、全身から血の気が引くのを感じた。

そして、大阪府警に配属された初日に、水野から冷たくされたことを思い出した。

挨拶に行くのを断られたり、どこかよそよそしかった理由が分かったような気がした。

蔵ノ介は更に言葉を続けた。

「戸籍は、いつか沙希が見てしまうから。養女と知ったら、本当の親を知りたくなるだろう。お前が傷付くことも心配だった……」

「それなら、どうして今、こんな話をするの？」

「お前のためだよ。水野さんは、退官はしたが、警察の仕事には詳しい。人脈もあるから。仕事の相談にも、乗ってくれると言っている。ここに連絡して、訪ねてみなさい」

蔵ノ介は一枚の名刺を差し出した。

そこには、日本を代表する自動車メーカーの名前と、監査役の肩書が記してあった。

「大阪府警に出向した時、水野さんに連絡したけど……冷たくされたのよね」

「聞いているよ。沙希のためにそうしたと」

「私のため？」

沙希の問いに、蔵ノ介は大きく息を吐いてから、少し語調を強めて語った。

「そう。警視庁の内部では、水野には隠し子がいるという噂があった。お前が訪ねてきたら、隠し子かと疑われる恐れがある」

そこまで話すと、蔵ノ介は「ハァハァ」と苦しそうな呼吸をしながらも、言葉を続けた。

「内緒で会って……、アドバイスを、してやりたかった……、と……」

苦しそうな蔵ノ介の様子を見て、それ以上沙希は何も聞かなかった。

無言のまま、沙希は水野の優しい笑顔を思い出していた。

「分かったよ、お父さん。訪ねてみる。だけど、私のお父さんは、お父さんだけなの。血の繋がりなんか関係ないから！」

その言葉を聞いた蔵ノ介は、最後の力を振り絞るように、沙希の手を改めて握ってきた。

そして、弱々しい口調でポツリと言った。

「この話をしたら……、手を振り払われるかと……」

「何馬鹿なこと言ってるの。産みの親より育ての親と言うでしょ」

「お前が……、そう言ってくれるのは……、嬉しいけど……」

「お父さんにもお母さんにも、本当に可愛がってもらったから。思い出も、いっぱいあるでしょ。三人で行った鹿沼公園のお花見、おにぎりだけのお弁当だったけど、おいしかった。今年も綺麗だっただろうな。また、行きたいな」

沙希が言うと、蔵ノ介は弱々しい笑顔を見せた。

そして、安堵したかのような表情のまま、静かに目を閉じた。

それでも沙希は語り続けた。

「丹沢の伝説、話してくれたよね。翁《おきな》と媼《おうな》が命懸けで折花姫を守った話。私は、お父さんとお母さんの折花姫だって。本当に、そうしてもらったって思ってるよ」

だが、蔵ノ介から返事は無かった。

なおも沙希は語りかけた。話しかけることで、逝ってしまいそうな蔵ノ介を、引き止めたかったたからだ。

「お父さん、覚えてる？　鹿沼公園はデイダラボッチの足跡だ。富士山を運ぶ時にできたって。小さい頃に教えてもらって、本当に信じていたんだよ、私。お父さんの話は、何でも信じてた」

幼い頃を回想しながら、沙希は懸命に語りかけ続けた。しかし、それは独り言にしかならなかった。次第に蔵ノ介の手は冷たくなっていった。

その後、再び蔵ノ介が目を開けることはなかった。


葬儀の数日後、沙希は意を決して水野に電話をした。実の父に会いたいという気持ちよりも、父・蔵ノ介との約束を果たし、実の母のことを聞きたかったからだ。

内心では葛藤もあった。水野は学生時代の恩人だったが、自分を捨てた身勝手な親でもある。思い悩んだ末の決断だった。


水野が指定してきた場所は、会社ではなかった。麻布山善福寺の門前町、麻布十番にある小料理店だった。年老いた夫婦が切り盛りをしている、狭い個室が数部屋だけの小さな和食の店だ。

店に着いた沙希は、複雑な思いを抱きながらも、何を言われても大人の対応をすることに決めた。

約束の七時よりも五分ほど前だったが、部屋に通されると水野は既に待っていた。父の告別式で遠目に見たものの、間近で見ると面影は残っていたが、やはり年老いていた。頭髪は真っ白になり、顔の皺も深くなっていた。

「あっ、お待たせして申し訳ありません」

「いやいや、久し振りだからね。あの時、入庁した直後に電話をもらって。あれ以来かな？　会うのが楽しみで、私が早く来てしまったんですよ」

水野の言葉に、沙希は緊張感から解放された。心のどこかで、冷たい対応をされる心配をしていたからだ。

「先日は、ご会葬、ありがとうございました」

「ご愁傷さまでした。私も一番の親友を失って、寂しい限りです。亡くなる瞬間は……どんな最期だったんですか？」

「眠るように……。私は知らずに話しかけ続けていました」

「そうか……。せめてもの救いですね」

水野は眼鏡を外して、涙を拭いた。

「父は、亡くなる直前に話してくれました。本当に苦しそうに、水野さんが本当の父親だって」

「そうか……、そうだよね。可愛い娘に、自分は本当の父親ではないなんて……」

そこまで言うと、水野の言葉は震え始めた。

沙希は内心、その原因を作ったのは、あなたではないか、と思いながらも、涙をこらえて、懸命に声を絞り出した。

「辛かったと思います。でも、私のために、私が天涯孤独にならないために……」

それだけ言うのが精一杯だった。


二人が沈黙していると、料理を運ぶ女将《おかみ》が声をかけて入室してきた。

「失礼します。あらっ、お二人ともどうしたんですか？　やけに湿っぽいですね」

「ああ、女将。つい先日、彼女のお父さんが亡くなって。私の幼馴染みなんだ」

「それは、知らないとは言え、失礼しました。しかし、残された人が泣いていると、天国へ行けないそうですよ。亡くなった方が」

割烹着姿の女将は、明るい声で言ってくれた。その言葉に、二人は救われたような心境になった。

「春の七草のセリです」と言いながら、突き出しの煮浸しを置き、女将がビールを注《つ》いでくれた。

グラスを持った水野が乾杯の仕草をしたので、沙希も無言のまま応じた。

女将が部屋を出ると、水野は突然正座をして、深々と頭を下げながら詫びてきた。

「沙希ちゃん、本当に申し訳なかった。この通りだ」

土下座をする水野に、沙希は慌てて「やめて下さい！」と小声で言った。

しかし、水野は暫くの間、頭を上げなかった。

見兼ねた沙希は、真っ白な頭を冷ややかな目で見ながら言い放った。

「お話を伺ってから判断させて頂きますから、どうぞお顔を上げて下さい」

するとと、水野は一瞬ビクッとした後で、ゆっくりと頭を上げた。

「そうだな、沙希ちゃん。今日、この場で全てを話して、区切りをつけましょう」

「はい。私も、それを望んで連絡しました。どうしても、お聞きしたいことが……」

「母親のことだね？」水野は沙希の言葉を遮って聞き返してきた。

「そうです。父からも聞けなかったので」

水野は一瞬苦しげな表情を見せてから、意を決したように語り始めた。

「今日、この場所を選んだのは、聞かれると思ったからなんだ。結論から言うと、この近くにある麻布山善福寺に眠っている。名前は長内清美――」

「えっ、長内？　奥さんではないんですか？」

「……誠に恥ずかしい話だが、私が参考人として事情聴取した相手なんだ」

「えっ、事情聴取？　犯罪の被疑者ですか？」

「いや。彼女の夫が主犯で、彼女は情報提供者だった」

「それはつまり……不倫、ということですか」

沙希の率直な質問に、水野は無言で頭を垂れた。

沙希は呆然とした。不倫の末に生まれ、偽りの出生届を出した。それだけでも、十分過ぎる醜聞だ。

その上、犯罪者の妻が実の母で、実の父は警察の掟を破ったとは。捜査対象との私的な交流は、警察ではご法度《はっと》だ。まして、色恋沙汰の果てに子供までとは。前代未聞のスキャンダル、と言っても過言では無い。

返す言葉を見つけられない沙希に、水野は重い口調で懺悔を続けた。

「和牛預託商法という詐欺の事件だった。二〇一一年に破綻したが、栃木の畜産会社が行った手法、あれと同じだね。和牛預託商法は一九九〇年代の後半に多発した犯罪なんだが、それよりも二十年以上前の話。それを、彼女の供述によって立件できたんだ」

「詐欺ですか……？」

「詐欺と言っても、最初から騙すつもりではなくて、真面目に黒毛和牛を飼育していた。ところが、途中から資金が不足して、預託金を集めてしまった。実際に飼育していた牛の数よりも多く」

「その人……母も資金を集めたんですか？」

「いや、彼女は知らなかった。配当が滞って、出資者から苦情が来て、初めて知ったと言っていた」

「しかし、幇助《ほうじょ》の罪には問われますね」

「微妙なところだが、捜査に協力することで不問に付すことにした」

「それで、自ら協力して、情報提供者になったんですね？」

水野は首をかしげる仕草をしながら答えた。

「私が無理やり説得したんだ。だが、主犯の夫は、保釈された直後に自殺した。自宅で首を吊ってね。それを発見した彼女は、半狂乱になって連絡してきた。そして、鬱病を発症したんだ」

「その後は……？」

沙希が聞くと、水野は目を閉じて記憶を辿り、静かに話した。

「彼女が引っ越しを望んだので、アパートを借りた。摂食障害を起こして寝込んだので、何度も見舞いに行った。次第に依存してくるようになったので、少し距離を置こうとした。そうしたら、彼女は手首を切って自殺を図った。私は、自殺されたら捜査が入り、私との関係なども全て明るみに出てしまうと思った。だから、彼女を安心させるために……」

そこまで聞くと、沙希は首を横に振って水野の言葉を制した。

「もう結構です。それ以上、聞きたくありません。それより、私の産みの母が亡くなった理由を教えて下さい」

「出血多量だった。体調が良くない中での出産でね。しかも、出生の記録を隠すために、病院では無く助産師さんに頼んだんだ。それが結果的に不幸を招いてしまった」

水野は唇を噛みながら、一言ずつ吐き出すように言った。

「なぜ父が私を引き取ることになったんですか？」

「私が蔵くんに頼んだ。蔵くんからも頼まれていた。奥さん、沙希ちゃんの育てのお母さんが子供の産めない身体だった。だから、身寄りのない子がいたら連絡してくれと」

「いきなり赤ちゃんが生まれたら、周囲から不思議に思われませんか？」

「半年ほど奥さんの実家に身を潜めてから、帰ってきたらしいよ」

「そんなことまでして……」

「沙希ちゃんのために、出生の秘密を守りたかったんだと思う」

沙希は、ふぅーと深く息を吐いて目を閉じた。想像していた以上に深刻な話を聞かされ、動揺してしまった自分がいた。それを隠したかったのだ。

そこへ、また女将が声をかけて入室してきた。

「あら、料理がお気に召しませんでしたか？」と言いながら、手付かずの煮浸しを下げた。そして、香ばしさを漂わせる帆立の焼き物を置くと、無言のまま下がって行った。

――空気を察してくれたんだろう。

沙希は料理に手を伸ばし、食べることに専念することにした。


暫く沈黙した後、沙希は箸を置いた。そして、心の整理がついたことを示すように、キッパリと言い切った。

「全て分かりました。私が警察庁や警視庁に残るべきではないことも。残って出世したら注目されて、私の出生の秘密が暴露されるリスクがありますから」

「確かに……、そのリスクはあるね。けど、何も、今すぐ辞めなくても」

「いいえ。第二の人生を成功させるためには、早いほうがいいでしょう。四十歳までには転職します」

「し、しかし……」

水野は沙希の決意に、深く動揺した様子だった。だが、狼狽した顔は、すぐに元に戻った。そして、

「ふぅー」と大きく息を吐いた。

「分かった。転職も、そして転職した後も、全力でバックアップします。それが、せめてもの罪滅ぼしですから」

水野の申し出に対して、沙希は直ぐには返事ができなかった。水野を許しがたい気持ちと、許して前を向きたい気持ちで、葛藤が続いていたからだ。

沙希は、不倫をするような低いモラルの男に、嫌悪感を抱いた。何よりも、自分は警察官僚としてのキャリアを、捨てることになるかも知れない。その原因を作った人間だ。

だが、店に着いた時の決意を思い出し、〝大人の対応〟をするために、あえて無表情を装って言った。

「ありがとうございます。宜しくお願い致します」


その二年後。四十歳の時、沙希は転職をした。調査や警備の事業を行うシークレット・ブレーンから、スカウトされたのである。沙希をストーカーから守ってくれた会社だ。

あの時の伊藤さんから連絡が入った。

『危機管理のコンサル事業を立ち上げることになりました。その部門の責任者、そして首席コンサルタントとしてお迎えしたい。役職は私と同じ取締役ですが』と。

当然ながら、水野が働きかけたものと、沙希は承知していた。だが沙希は、悩んだ末に受けることにした。

警察での経験を活かすことができそうな仕事であり、新たな経験も積むことができるだろう。何より、危機管理のコンサル事業という、未知の世界への好奇心が勝り、沙希を突き動かした。

こうして橘沙希は、危機管理コンサルタントの道を歩み始めた。

第四章　クレーム対応の自動ブレーキ

それは師走の上旬のこと。お昼前に会社へ戻った沙希は机の上にメモを見つけた。『東亜自動車の氏田広報室長から入電。ドリフト社の有村広報室長の紹介。折り返しの電話希望。10時45分　穂積』

読んだ沙希は違和感を覚えた。見知らぬ人物が、いきなり電話をかけてきて、折り返しを求める伝言に。本来ならば、有村広報室長から紹介の電話が入り、その後でかけてくるのが常識というものだ。

その直後だった。気持ちを察したかのように、有村から電話が入った。

「橘先生、ご無沙汰しております。放射能フィルターの件では大変お世話になり、ありがとうございました」

「いえいえ、こちらこそ。その後、問題は発生しておりませんか？」

「はい！　大丈夫です。御社と契約してから、何も起きなくなりました」

「それは……、御社の内部統制や企業統治が、機能してるからですよ」

「それも、先生のご指導あってのことです」

沙希は敢えて返事をせず、一呼吸置いてから聞いた。

「ところで、私の留守に、東亜自動車の氏田さんという方から、電話があったようですが」

「えっ！　もうかかってきたんですか？　私が先生にお電話してから、と言っておいたんですが！」

「そうだったんですか。何かお急ぎの案件なんでしょうね？」

「そうなんです。弊社と東亜自動車は、扱っているのが中古車と新車の違いはありますが、リコールの対応などでは交流があるんです。それで、今回も何かリコールに繋がるような、クレームに悩んでいるようです」

「どんなクレームですか？」

　すると、有村が電話の向こうでガサガサと音を立てた。

「ええっと……自動ブレーキの誤作動に関するもので、二種類のクレーム対応のようです。一つは、首都高速を運転中に、自動ブレーキが突然誤作動して急停止。それが原因で事故が起きたというもので、追突された被害者からのクレーム。この被害者は、その粗暴な言葉遣いから、暴力団員らしき人物だということです。もう一件は、狭い夜道を運転中に、路肩で停車していた車に追突。その原因は自動ブレーキの作動不良だというもので、事故の加害者からのクレーム。こちらは、紳士的な口調で語るものの、理屈っぽくて粘着質なクレーマータイプだということです」

　メモを読み上げるような話を聞き終えると、沙希はキッパリとした口調で言った。「氏田さんに、明日の午前中、こちらからお電話します、とお伝え下さい」

　そして、会話を終えると、意を決して実父・水野に電話をし、その日の午後のアポイントを取った。

　いつの間にか席に戻って、隣で電話を聞いていた穂積が声をかけてきた。

「午後、お出かけですか？」

「そう。豊産自動車の監査役の所へ」

「その方も警察ＯＢの方ですか？」

「そ、そうよ。東亜自動車のクレーム対応の件で、少し話を聞いてくるの」

「へぇ、沙希さんがクレーム対応の相談をしに行くなんて珍しいですね」

「私は主に刑事畑を歩んできたけど、暴力団対応の部署にも所属したことがあったわ。だから、暴力団員らしき人物への対応のアドバイスには自信があるの。でも、交通関係の部署での勤務経験は無かったから」

「あっ、なるほど」

「それに、その方は総務部長もやっていたらしくてね。国内トップのシェアを持つ、豊産自動車なら自動ブレーキシステムのクレーム対応について、様々なノウハウを持っていると思うの。警察に対して苦情を言う人物はいても、クレーマー行為を仕掛けてくるケースはないでしょ。だから、粘着質なクレーマー対応についても、聞いてみようと思って」

わざわざ父を相談相手に選んだことに対する言い訳のようだと思ったが、事情を知らない穂積は納得したようだった。

深く追及されなかったことに安堵しながらも、沙希は自分の気持ちを確かめるように自問自答してみた。

麻布十番の小料理店で会ってから、既に五年近い歳月が流れている。だが、不倫をした父・水野への嫌悪感は消えてはいない。それは一生消えないような気もする。自分なら絶対にしないと思うからだ。しかも、自分の人生の歯車を狂わせた相手だ。だが一方で、ストーカーを撃退してくれた恩人でもある。そして、育ててくれた義父・蔵ノ介の幼馴染みであり親友だ。沙希の頭には、五年前と全く同じ答えしか浮かんでこなかった。

嫌いになろうにもなれない自分が、心のどこかにいる。

それが、現時点での答えだ。


豊産自動車の本社へ行くために、沙希はタクシーの運転手に「神田の軍艦ビル」と伝えた。神田橋を渡って神田駅の北口に近付くと、焦げ茶色のタイル張りの建物が見えてきた。古い小振りのビルが建ち並ぶ中で、高さも体積も際立っていた。「まさに軍艦だわ！」と沙希は感じた。

タクシーを降りると、ビルの間を吹き抜ける木枯らしが、髪を巻き上げて耳を直撃した。その冷たさは痛みをともなうほどだ。危機管理コンサルタントでありながら、クレーマー対応を相談に行くこと。複雑な感情を持ちながらも、父を頼ろうとする不甲斐なさ。そのことを痛感していた沙希には、冷たい風が身に沁みた。

通された応接室を、沙希は思いのほか質素だと感じた。徹底したコストダウンの印象を、外部にアピールするためなのだろうか。四畳半ほどのスペースには、焦げ茶色の布張りのソファーと、合板のテーブルだけだった。だが、外部に会話が漏れないように、壁は厚くドアも頑丈にしてあるようだ。極秘の技術や未公表のリコールなどの話も、安心してできるような構造にしてあるのだろう。

習慣で隠しカメラや盗聴マイクなどの設置を、隅々までチェックしていると、水野が大きな音でドアをノックして入室してきた。

「やあ、沙希ちゃん。訪ねて来てくれるとは、嬉しいですね」

意外なことに、水野は作業服のような紺色の制服を着て現れた。

「突然にアポイントをお願いして申し訳ありません。お言葉に甘えて、ご指導を仰ぎに参りました」

「ご指導？　そんな他人行儀な言葉を言わないで、まあ……座って下さい」

「水野さんこそ、私に敬語なんか使わないで下さい。それこそ他人行儀です」

「他人行儀か……。そうだな、蔵くんが亡くなってもう五年近くになるね。沙希ちゃんに許してもらえるとは思わないけど、形だけでも実の親子として接してもいいかな？」

沙希は一瞬躊躇した。言葉の意味を理解しかねたからだ。

すると、察したように水野が続けた。

「お互いに敬語を使わないとか、名前の呼び方とか……」

その瞬間、沙希は悟った。水野が「父」と呼んで欲しいと思っていることを。同時に、それには強い抵抗感を覚えた。だが、教えを乞いに来た立場をふまえ、意を決して答えた。「そうですね……では、私のことは沙希と呼んで下さい……お父さん」

すると水野は、「お父さん……、お父さんか……」と、噛み締めるように繰り返した。そして、少しだけ潤んだ目で見つめてきた。

沙希も水野を強い決意の目で見つめ返した。

やがて、水野の表情が次第に厳しくなった。

「よし。では、私の後継者として、沙希に全てを伝授しよう。その代わり、私は……厳しいぞ」

「願ったり叶ったりです」

「分かった。なら、最初に言っておくが、今日の相談について、具体的な事案に関する企業名は絶対に口にするな」

「えっ！　お父さんにも言ってはいけないのですか？」

「そうだ。自動ブレーキのクレームに関する相談と言っていたね。ならば、豊産自動車と競合する企業の情報だ。競合に情報を漏らした沙希は、コンサルタントとして失格だ。聞いた私も、内容を会社に隠しておいたら、監査役として忠実義務を問われかねない。クレームは欠陥に起因するものが多いからな。競合他社の欠陥情報は、豊産自動車にとって極めて重要。だから、知った私は会社に報告しなければならない」

沙希は、初めて水野と自分が対岸にいることに気付いた。クレーマーに対しては、同じ岸にいると思っていたのだ。つくづく己の甘さを痛感した。

「警察組織においては、犯罪の情報を共有します。それとは違うんですね」

「そもそもクレームを犯罪のように捉え、クレーマーを犯罪者のような目で見ることが間違っている」

水野の核心を衝く言葉に、沙希は動揺した。自分がクレーマー対応の術を知らないばかりか、クレームに向き合う姿勢すら備わっていない。それを思い知らされたからだ。そんな心境を察したかのように、水野は優しい口調で「私も、そうだったよ」と感慨深げに語り始めた。

「豊産自動車の総務部長に就任して間もない頃、暴力団員がクレームをつけてきて、お客様相談室が困っていた。私は役立ちたい一心で、警察の協力を得て、その暴力団員を逮捕しようとした。だが、その男のクレーム内容自体は間違っていなかった。ブレーキの液漏れの指摘は正しかったんだ。結局、リコールすることになった」

「ああ、あの〝リコール隠し〟と騒がれた案件ですか？」

「そうだ。あの暴力団員の言葉を信じていたら、早い段階でリコールできたかも知れない」

「でも、暴力団員の言葉を信じるって……、難しいことですね」

「確かにそうだ。しかし、交通事故の当事者が暴力団員だったら別だが、目撃者だったらどうかな？」

一瞬戸惑ったが、すぐに水野の言葉を理解できた。

「そうですね。現場検証の結果と一致していたら……、信じますね」

すると水野は頷きながら、優しい表情で、ゆっくりと諭すように語り始めた。

「まず、クレームを改善のヒントと思いなさい。決して悪い物と思ってはいけない。そしてクレームは、相手の人相・風体や職業を度外視すること。そして、真実を見極める。それができたら、内容に目を向けて、大きく六つに分類して対応するといい」

「六つに分類ですか？」

思わず聞き返して、沙希はメモを取り出した。

「そうだ。第一に、本人の勘違いや記憶違いが原因のクレーム。例えば、自動巻きの腕時計を買っておきながら、電池式と勘違いして、〝買ったばかりで使ってもいないのに、もう止まってしまった〟と言ってくるとか。これは、丁寧に説明すれば終わる」

噴き出すのをこらえながら、沙希は「私もやるかも知れません」と、水野に笑顔を向けた。だが、水野は厳しい表情のまま続けた。

「第二に、ストレスの発散が主な目的のクレーム。例えば、姑に叱られた嫁が、鬱憤を晴らすために、弱い立場あるいは下手に出る相手に文句を言うとか。これは、気長に聞いてあげるのが一番だ」

「警察にも時々来ますね。ご近所トラブルのストレスを、警察にぶつけてくるとか」

沙希が言うと、水野は無表情のまま、こくりと頷いた。

「第三に、修理や部品の交換だけを求めてくる善良なクレーム。迅速で丁寧な対応をすれば解決するが、悪意が無いだけに、クレーマー扱いをすると拗《こじ》れる」

沙希は水野の言葉を忘れまいと、メモに向かって懸命に手を動かした。

「ネットなどで、木で鼻を括ったような企業の応対が、晒《さら》し者にされるケースですね。録音された会話まで公開されて」

「その通り。善良な消費者を、自らの手でクレーマーにしてしまう。愚かな対応だ」

沙希は、思わず深く頷いた。

「第四に、修理や部品の交換に加えて、実損の補填を求める合理的なクレーム。これに対しては、社会通念や過去の補填事例を参考にしながら対応する。例えば、納入した新車が故障した場合、代車としてレンタカーを借りたとか、タクシーを利用したとかいうケースだね」

沙希は一瞬考え込んで、「難しいですね」と言いながら、目で水野に言葉を求めた。

すると水野は、静かに首を横に振った。

「そうでもない。多くの企業は、補填する費用のテーブルを持っている。それに照らし合わせながら、是々非々の対応をしている。押したり引いたりの交渉をしながら」

「そのテーブルというか、内規を相手に伝えるのも一手ですか？」

「それだけは、やってはいけない。内規なんて企業が勝手に作った物。それを消費者に押し付けたりしたら、身勝手で上から目線の対応だと受け止められる」

理路整然とした水野の言葉には説得力があった。沙希は自分との力量の差を痛感し、水野への信頼と尊敬の気持ちが、自分の中でより高まってくるのを感じた。そして、心の片隅に残っていた抵抗感が、薄れて行くのを自覚していた。

そんな沙希の心情を察してか、水野は親しみを込めた表情で語り始めた。

「第五は、修理や部品の交換および実損の補填に加え、慰謝料の支払いを求めてくる営利目的のクレームだよ。これに対しては、過去の判例などを弁護士に聞きながら対応するといいよ。例えば、突然自動ブレーキが作動して後続車に追突された。そのトラウマで車の運転ができなくなってしまった。慰謝料を支払え、なんてケースも今後は出てくるだろうね」

水野の「慰謝料」という言葉に、沙希は仰天した。まさに聞こうとしていた事を、先に言われたからだ。

「そ、そうなんです。それを求められた時の対応が……。特に、相手が暴力団員だった場合、お金を渡すべきではないと……」

「確かに、むやみに暴力団員にお金を渡すべきではないね。だが、先ほども言ったように、相手の人相・風体や職業によって、対応に差を付けるべきではない。だから、弁護士に相談して、適正な水準の金額を決めるんだ。おそらく……十万円以下だろうが。但し、あくまでも事故の原因が、本当に自動ブレーキだった場合のことだけどね」

「十万円以上を要求されたら、拒否ですね？」

「それが第六のクレームだ。不当な額の慰謝料を要求してくる恐喝型。そんな輩《やから》には、弁護士を前面に立てて対応すればいい。場合によっては、不当な要求をする場面を録音・録画して、警察に訴えることも視野に入れる」

　不法行為に対する怒りなのか、水野の口調が少し厳しくなったのを沙希は感じた。

「なるほど……。しかし、弁護士を前面に出すタイミングや口実が難しいですね」

　沙希が眉間に皺を寄せて聞くと、水野は目を丸く見開いて笑顔を作った。

　そして、猫撫で声で演技をして見せた。

「お客様。お客様のお申し出は、私の判断できる金額を超えております。それをお支払いするには、判例などを調べて法的な判断をしなければなりません。一度弁護士に相談してみますが、場合によっては、あるいはご希望があれば、弁護士を同席させての話し合いも可能です。なんて、言ってみてはどうかな?」

厳格な水野の、ひょうきんな一面を見て、沙希はふっと肩の力が抜けるのを感じた。

そして、分類する手法を聞いて、失いかけていた自信を少しだけだが取り戻せたような気がした。

「お父さん。六つの分類、よく理解できました。善良なクレームを、クレーマー扱いするから拗れることも分かりました」

「そうか。それは良かった!」

「それから、コンサルタントとしての話術も学ばせて頂きました。簡単で聞き逃しそうな話は厳しい表情で語り、難しくて苦手意識を持ちそうな話は優しい表情で語る。私は常に厳しい表情で語ってきました。お父さんは名医で、私は藪医者ですね」

「いや、経験の差だね。私も以前は全て厳しい表情で語っていた。総務部長なんて肩書だから。厳格であるべきだ、なんて思ったんだね。今は努めて客観的であろうとしている」

「そうか。お父さんは社内コンサルタントでもあるんですね。お父さんのような監査役が、私のクライアントにもいたらいいのに」

「そうしたら、沙希の会社には仕事を頼まないかも知れないぞ」

「そ、それは困りますね。お父さんには、早く引退して頂いて、私だけのコンサルタントになって欲しいですね」

「ほう、それもいいな。それなら心配していた旦那選びのコンサルティングもできるしな」

「な、何でそこに話が飛ぶんですか！」

「専属コンサルタントとしては、触れざるを得ない課題じゃないかね？」

「余計なお世話です！　コンサルタントは、聞かれた事だけにアドバイスすればいいんです！」

口を尖らせて、怒った顔をしてみせたが、水野は笑っていた。

沙希は早々に話を切り換え、丁寧にお礼を述べると、逃げるように豊産自動車を後にした。

沙希はタクシーの中で、水野の言葉を思い起こして、頭の中を整理してみた。同時にコンサルタントとしての水野の姿を思い起こしてみた。それは、以前水野に抱いていた『ずぼらで不誠実な人間ではないか』という疑念とはかけ離れた姿だった。

――いつの間にか心に残っていた抵抗感が薄れていた理由も、そこにあるのではないだろうか。

翌日の午前十時、沙希は東亜自動車の氏田広報室長に連絡を入れた。待ち合わせの日時を決めるためだ。

電話に出た氏田室長は、のっけから「来て頂くとすれば……」という言葉を口にした。それを聞いて、沙希は悪い予感がした。自ら出向いてくる姿勢の無さに、大企業特有の傲慢さを感じたからだ。傲慢な姿勢は危機管理の判断を狂わせ、マスコミから目の敵にされる。そのことを、沙希は誰よりも知っていた。かつての警察が不祥事を認めず謝らないという、残念な失敗を重ねてきたからだ。

結局、待ち合わせは、翌日の午前十時。場所は、新宿西口の高層ビルの中にある、東亜自動車の本社となった。

通された応接室は、豊産自動車とは違って、豪華な造りだ。二十畳もあろうかと思われる床には、毛足の長い絨毯が敷かれ、寝そべることもできそうな革張りのソファーが置いてある。壁には大きな油絵が掛けられ、棚には重厚感溢れるブロンズ像が鎮座していた。

驚いたことに、受付の女性が手招きした席は、入り口に近い下座だった。出されたコーヒーを飲みながら、沙希は「こんな所にも会社の人格が表れるんだ」と感じていた。

暫くすると、ドアをノックもせずに、いきなり氏田室長が入室してきた。

「初めまして。広報室長の氏田です。お呼び立てして申し訳ありません。クレームの件でバタバタしておりまして」

「お察し致します。危機管理は時間との勝負ですから」

「そう言って頂けると助かります。橘さん、思ったよりもお若いんですね」

氏田は銀縁の眼鏡をわざと下にずらして、上目遣いで沙希を品定めするかのように見つめてきた。その表情は「こんな小娘で大丈夫か」と、言わんばかりだ。

「氏田室長も、思ったよりもお若いですね。大企業の広報室長の皆さんは、もっとお年をめした方が多いので」

するとと氏田は、少し後退しかけた額の髪を撫で整えながら、気取った表情で語った。

「私は東亜物産からの出向ですから、生え抜きの部長クラスよりも若いんです」

「あぁ、親会社から。それは何よりです。意思決定が……お早いでしょうから」

「まあ、そうですね。商社は即断即決しないと通用しませんが、メーカーの連中は石橋を叩いて渡っていますから」


氏田の言葉に、沙希は再び嫌な予感がした。緻密さに欠ける性格を感じ取ったからだ。

そこで沙希は、二つのクレームについて、その内容を詳細に聞いてみた。案の定、氏田は詳細に把握していなかった。お客様相談室が作成したレポートを、そのまま朗読しただけだったのだ。読み終えると、「ところで、念のためですが」と前置きをして沙希に質問してきた。

「橘さんは警視庁のご出身で、警察とのパイプが太いと聞きました。従って今回の二つの案件、その一つは暴力団です。こちらを主にアドバイスして頂きたいと思っていますが、それで宜しいですか？」

「はぁ……。もう暴力団と判明したんですね。どの組に所属してるんですか？」

「それは、橘さんに調べて頂きたい。警察との太いパイプで」

「あぁ、まだ確定的な情報ではないんですね」

「うちは、かかってきた電話は、全て録音される仕組みになっています。私も聞きましたが、あれは間違いなく暴力団員の口調です。〝わりゃあ〟とか〝何ぬかしとんじゃ〟と怒鳴ってますから」

「分かりました。調べますが、住所とか氏名は……お分かりですか？」

「それはぁ……その、お客様相談室が把握していると思いますよ。後で聞いておきます」

沙希は悪い予感が的中したことを悟った。氏田はデータベースで物事を判断する、緻密なタイプではないようだ。そこを重点的にサポートしなければならないと思った。

「氏田さん、もう一つの案件は大丈夫ですか？」

「ああ、そちらは心配ないでしょう。紳士的な物言いですし、解決したいという姿勢を示していますから」

「解決？　解決って、お金ですか？」

「金額の要求はありませんが、穏便に済ませたいと……」

穏便という言葉を聞いて、沙希は不吉な予感がした。

「それは、経済ヤクザの常套句《じょうとうく》ですね」

すると、氏田は怪訝な表情で、「経済ヤクザ？」と聞き返してきた。

「そうです。企業を対象にした恐喝や、悪徳企業に協力してお金を儲ける輩です」

氏田は首をかしげながら、「録音を聞いた限り、そんな口振りではなかったがなぁ……」と呟いた。

「お会いになると、銀行マンと見間違えるような風貌をしてますよ」

「そ、そうですか。では、その案件もアドバイスして頂きたい」

「もちろんです。経済ヤクザは、巧みにマスコミやインターネットの掲示板を利用したりします。そうなれば、広報室の出番ともなりますから」

沙希は意地悪な気持ちを込めて言った。

「マ、マスコミ？　それは困りますな」

氏田の狼狽した様子に、沙希は笑みが漏れるのをこらえた。自信家の広報室長でありながら、内心ではマスコミを怖がっている。それが滑稽に思えた。

本心を隠しながら、沙希はわざと冷徹な口調で告げた。

「現時点では、情報が足りないので、正確なリスクランクの判断はできかねます。しかし、伺ったお話の範囲で言うなら、紳士的な物言いのクレームのほうが要注意です。いずれにしても、どちらのクレームに関しても、どなたかが一度お会いになって下さい。正確な判断は、その後でしますので」

氏田は頷きながら、「お客様相談室の小西という男に対応させます」とだけ答えた。


東亜自動車を後にした沙希は、父の教えに感謝していた。相談されたクレームの内容が、まさに人相・風体に惑わされず、分類して対応すべき案件だったからだ。父の教えが無かったら、氏田室長と同じような判断をしていたかも知れない。紳士的な物言いのクレームを軽視し、暴力的な口調のクレームを重視していた可能性が高かった。分類したことが、クレーム対応の自動ブレーキになったんだと、しみじみと感じていた。

会社に戻ると、沙希は穂積とともに、お客様相談室が作成したレポートを丹念に読み込んだ。そして、録音された電話のやりとりも全て聞いてみた。

沙希は教育という視点から、わざと穂積に質問した。

「ねえ、穂積くん。この二つのクレーム、どう思う？」

「結論を言えば、追突された案件のほうが厄介じゃないですかね？　人的な被害が大きいですから」

「それも一つの見方ね。でも私は、紳士的な物言いの人物は、経済ヤクザの疑いが濃厚だと思うの。穏便に、なんて言葉を使っているから。暴力的な口調の人物は、少なくとも今は暴力団員ではないような気がするの。暴排条例が施行されて以降、あんな口調で怒鳴る暴力団員は少ないでしょう」

「確かに……！　鋭いですね、いつもながら」

「元暴力団員、という可能性が高いわね」

穂積は「なるほど……」と頷きながら、再びレポートに眼を落とした。

そして、事故の概略部分を声に出して読み始めた。

「首都高速二号線から環状線に合流直後、急ブレーキがかかって追突された。十二月五日ということは……三日前、時刻は……午後九時前後か。確かに……あの合流点は左にカーブする環状線に、二号線が右にカーブしながら合流するから……。見通しが悪くて事故が起きやすい場所ではありますね」

「事故は警察に通報してあるのかしら？」

「書いてありませんが、加害者が通報しているでしょうね」

「それなら私が、高速道路を管轄する高速隊に聞いてみるわ」

「えっ、警察署の管轄ではないんですか？」

「そうなの。高速道路での事故は管轄が別なの」

穂積は「へぇー」と、驚きの声を漏らしながら続けた。

「事故の現場検証は終わっていると思いますが、原因を調査中でしょうね。あっ、書いてあります。車は警察に押収された、と」

沙希は内心、なら詳しい情報が取れる、と思った。

「もう一つの案件は、警察に通報していませんね。理由は……追突された被害者が、免許不携帯だったから。場所は千葉県佐倉市の農道で、時刻は深夜零時頃。路肩で駐車していた車に低速で追突。自動ブレーキは作動しなかった」

「何とも怪しい話ね」

「そうですね。情報は加害者と被害者の証言に限られますね。場所と時間からして、監視カメラはありませんし、目撃者もいないでしょうから」

「加害者と被害者の車のナンバーが分かったら所有者を割り出して、二人の関係を探ってみましょう。接点が見つかれば、〝グル〟すなわち作り話の線が濃厚になるから」

「濃厚になっても、断定的な証拠にはならないんじゃないですか？」

穂積の質問に、沙希は笑顔で答えた。

「切り違え尋問って知ってる？」

「何ですか……それ」

「尋問の手法なの。まず〝Aは○○と供述したよ〟とBに告げ、Bから○○の供述調書を取る。次に、Bの○○という供述調書をAに見せて、Aからも○○の供述調書を取る、というテクニック。それを応用すれば、何とかなると思うわ」

「なるほど！　巧みというか……狡《ずる》い手法ですね」

「捜査する側とされる側は、常に狐と狸の何とやらだから……」

「うーん、何だか沙希さんが牝狐に見えてきました」

「なっ、何言ってんのよ。真面目な話をしてるんだから」

穂積はバツが悪そうに頭を掻いた。そして、「僕は、ディーラーを回って、自動ブレーキの情報を集めてきまーす」と言いながら、急いで席を立って行った。


二日後の十二月十日、東亜自動車の豪華な応接室では、紳士的なクレームの主とお客様相談室の小西が向き合っていた。その特別応接室には、隠しカメラとマイクが常備されている。沙希と氏田広報室長は、その様子を警備管理室で見ていた。

クレームの主である五味と名乗る男は、外見は七三分けの真面目なサラリーマン風だが、大股開きで前屈みに座っている。担当者の小西は膝を閉じて、揉み手をするような格好で肩をすぼめて座っている。明らかに劣勢に立たされているように見えるが、それは沙希のアドバイスだった。五味を油断させるための。

五味は小西に向かって、慇懃《いんぎん》無礼な口調で語り始めた。

「まあ、そんなに緊張しないで下さい。私は話を穏便に解決するために来ただけですから」

「は、はぁ。ありがとうございます。まず最初に、追突した五味様の車両と、追突された車両の、車両番号を教えて下さい」

五味は即座に「私の車は、品川の……」とナンバーを言ったが、追突された車の番号は「記憶が曖昧だから後で連絡する」とだけ言った。どうやら、追突された車のことは話したくない様子だ。

「では次に、事故が発生した場面の様子を詳しく教えて下さい」

「あぁ、電話でも話しましたが、千葉の佐倉。川村美術館がある近くの農道だが、暗い夜道で停まっていた車がいて、それに低速で追突したんです。最新の自動ブレーキが装着された車、にもかかわらずですよ」

別室で聞いていた沙希は、思わず苦笑いをしてしまった。丁寧な言葉を使いながら、「農道だが」という粗雑な口調が交じっていたからだ。そこに本性が現れていると思ったのだ。

「追突した時は、どの程度の速度だったんでしょうか？」

「まあ、十キロくらいですね」

「十キロですと、相当なクラッシュになりますが……」

「あっ、もう少し遅かったかな……暗い夜道だったたから、十キロ以下だったと思いますね」

小西は「十キロ以下ですね」と念押ししながら、メモを取った。

そして、真剣な目差しを五味に向けて聞いた。

「気付かずに追突したということは、停車していた車はライトを消していたということですね」

「そうそう、その通り。だから気付かなかったんですから」

「分かりました。追突された車の車両番号、分かったらご連絡下さい」

その一言に、五味は気色ばんで、語気を強めた。

「くどいなぁ、小西さん。あんた、私を疑っているんですか？」

「いえいえ、そんなことはありません」

「なら、何でいちいち念押しをするんだ！」

「申し訳ありません」

「あんた、私が自動ブレーキの不具合、その被害者だってこと、忘れてんじゃないのか？」

五味は、ついに本性剝き出しの口調になった。

警備管理室では、氏田が「チッ！」と舌打ちをした。そして、独り言のように「なぜ……怒らせてしまうんだ！」と呟いた。

その言葉が聞こえたかのように、応接室では小西が場を取り繕おうと必死だった。

「私の言葉で気分を害されたなら、お詫びします。申し訳ありませんでした」

「害されたなら？　ならって何だ！　害したに決まってるだろ！」

小西は身体を丸くして、テーブルに付くほど頭を下げて謝罪した。

するとと五味は態度を一変させた。

「まあまあ、小西さん。頭を上げて下さい。私は話を穏便に済ませたいと言ったでしょう。私も事を荒立てたくはないんです」

突然の変化に、小西は返す言葉が見つからない様子だった。

すると五味は身を乗り出して、不敵な笑みを浮かべながら囁いた。

「自動ブレーキの作動不良による事故は、マスコミが狙ってますよ。ネットでも炎上するでしょうね。私は事故の加害者だから、記事が出たら私も困る。御社も困るだろうけど。だからさぁ、一緒に解決しましょうや」

「か、解決と言いますと……？」

「私は事故の被害者の弱みを握っているから。ほら、免許不携帯という。だから、うまく話をつけられますよ。穏便に」

「そう、そうなんですか。宜しくお願い致します」

「お願いしますって、私は子供の使いじゃないから、手土産くらい持参しなきゃいけない。小西さん、用意しておいて下さい。私が小西さんの代理として届けますので」

「分かりました。用意致しますが、どんな物が宜しいでしょうか？」

小西の質問に、五味はフンと鼻で笑った。

「小西さん、そんなことまで私に聞くんですか？　自分で考えなさいよ、子供じゃないんだから。但し、私に恥をかかせないで下さいよ。持参した私が恥をかくようなものは駄目。いいですね」

それだけ言うと、五味は一方的に話を打ち切って、特別応接室を出て行った。


五味が帰ったのを確認すると、沙希は氏田とともに特別応接室に入った。

入るや否や、「小西君！　何やってんだ！」と氏田は怒鳴りつけた。

「はっ、はい」

小西が首をすくめると、氏田は追い討ちをかけた。

「相手を怒らせて……駄目じゃないか！　橘さん、そうでしょ？」

同意を求められた沙希は、言葉を慎重に選んだ。

「うーん、そうでもありません。結果としては良い音と映像が撮れました。怒りを露にする側は強者で、萎縮して謝っている側は弱者に見えます。そのビデオを見せたら、マスコミも警察も、弱者すなわち小西さんに同情的になってくれますから」

沙希の助け船に、小西は小声で「橘先生のおかげです」と呟いた。

氏田はいぶかしげな表情で、「橘さんのおかげ？」と沙希に問いかけてきた。

「あぁ、はい。小西さんが応対すると聞いて、電話で少しだけアドバイスしたんです」

すると氏田は気色ばんだ表情で、「そんな話、私は聞いてませんよ。それなら……それと、事前に言って下さい」と言い放って出て行った。

残された沙希は、翌日に控えた暴力団員口調のクレーム対応について、小西にアドバイスをすることにした。

沙希は「大切なことが二つあります」と、前置きをしてから始めた。

「第一に、口調に惑わされずに、事故の瞬間の事実を詳しく聞いて下さい」

「えっ⁉　とは言っても……相手が……」

「第二に、相手が何を望んでいるのかを、正確に聞き出して下さい」

「あ、相手が乱暴で、怒鳴ったりしてきたら……」

狼狽する小西に、沙希は笑顔を向けた。

「大丈夫ですよ。私と屈強な警備員が隣の応接室にいます。隠しマイクで会話を聞いて、不穏な空気を察したら、すぐに駆け込みますから」

だが、小西は首を横に振りながら、沙希に同席を懇願してきた。

「こ、怖くて冷静に対応するなんて、一人では無理ですから」と。

やむを得ず、沙希は同席を了承することにした。あくまでも応対の主役は小西で、沙希は陪席するだけという条件で。

沙希は小西との打ち合わせを終えると、タクシーで新富町に向かった。高速道路交通警察隊の本部に立ち寄って、旧知の隊長から事故の情報を得るためだ。

灰色の古いビルの前に到着すると、なぜか浜崎隊長は玄関先で沙希を迎えてくれた。

——到着の直前に電話を入れたからだろうか？

不思議に思いながら近付くと、「お待ちしておりました！」と言いながら、細い目を見開いて迎えてくれた。

「お久し振りです。ご無理なお願いをして……」

「いや、ホントにお久し振りです。お急ぎのようなので、まずは現物を……」

左手で招く仕草をした隊長は、そのまま沙希を駐車場らしき場所に案内してくれた。

隊長が指差すレッカー車の横を見ると、左後部が大きくへこんで、トランクが口を開けたままの車が見えた。右側から合流して急停車したために追突されたのだろう。その無残な姿は、事故の衝撃の大きさを物語っていた。

「この事故は狂言でもなければ偽装でもない」と、直観的に沙希は悟った。

隊長は、ゆっくりとした口調で説明してくれた。

「車の持ち主は、二年前に足を洗った元暴力団員です。郷原という名前で、現在は土木作業員をしています。言動は粗暴ですが、現在は真面目に仕事をしているようです。事故の現場でも、しきりに仕事のことを気にしていたそうですから」

「怪我は……どの程度なんでしょうか？」

「幸い、軽いムチ打ちで済んだようです。身体よりも精神的なショックのほうが大きかったようで。聞き取りをした隊員によると、しきりに〝突然停止して、本当に怖かった〟と言っていたそうです」

沙希は隊長の言葉から察した結果を、敢えて口にした。

「では……、運転ミスではないですね？」

「押収した車は二年落ちの中古車で、赤外線レーザー方式の自動ブレーキが装着されていました。その自動ブレーキは、まれに誤作動を起こすことが判明し、内密な話ですが、近々リコールが発表されることになっているようです。当然ながら、持ち主本人はまだ知りませんが」

「よく分かりました！　本当にありがとうございました」

「あっ、もうお帰りですか？　上に上がって、お茶でもいかがですか？」

「ありがとうございます。この事故の件で、緊急の会議があります。全て片付きましたら、改めてご報告を致します」

沙希は感謝の気持ちを込めて、深々とおじぎをした。事故の情報を部外者に教えることが、いかに大きなリスクをともなうか、沙希はよく知っていた。だからこそ、長居は無用と考えたのだ。

会社に戻ると、穂積が待ち構えていたかのように近寄って来た。その表情は得意満面。沙希は早速、応接室で報告を聞くことにした。

「沙希さん、ディーラーを回って、色々なことが分かりましたよ。まず、現在走っている車の自動ブレーキは、大きく分けて二種類あります。旧式の赤外線レーザー方式と、ミリ波レーダーに単眼カメラを加えた方式。前者は誤作動が起きて、近々リコールが発表されるようです。車の業界紙の記者から聞きました。後者は、今のところ誤作動の情報は無いとのことです」

「私も同じ情報を高速隊で聞いてきたわ。暴力団員風のクレームの車には、旧式の赤外線方式の自動ブレーキが搭載されていた。だから、あの事故は本物ね。それから、やはりあの男は現役ではなく、〝元〟暴力団員だったわ」

「やはりそうだったんですか。ところで沙希さん、僕も面白い情報が聞けました。自動ブレーキは、時速十キロ以下の速度では、作動しないんですって！」

沙希は思わず「あら、そうなの？」と、声高に聞き返してしまった。

「じゃあ、紳士的なクレームの追突事故は、自動ブレーキの故障が原因じゃないのね。十キロ以下のスピードと断言してたから」

「へぇー、断言したんですか。自動ブレーキのシステムを、詳しく知らないでクレームをつけてきたんですね。アホですね」

「そうでもないわよ。彼らは平気で話を変えてくるから。十キロ以下なんて言ってないとか、目安を言っただけだとか。しまいには、〝あんた、常に速度メーターを見ながら運転すんのか？　俺らぁしないぞ〟なんて言い出すのよ」

言い終えて気が付くと、穂積が目を丸くしていた。

「おおコワッ！　沙希さんは、暴力団員にも警察官にもなれるんですねぇ」

「なっ、何言ってんのよ！　私は……ただ、口調をまねしただけでしょ」

「明日の元暴力団員との面談ですが、沙希さんも同席するんでしょ。やくざ口調で怒鳴り合う……なんてことになったりして」

「ばっ、馬鹿なこと言ってないで、早く五味の身元を洗ってよ」

沙希は意図的に怒った表情を作って、話を切り換えた。

「もう、調べは付いています。車のナンバーから。暴力団の密接交際者として警察がマークしてます」

「やっぱりねぇ。それなら話は早いわ。組織犯罪対策の三課から警告してもらえば」

「そんなことまで、してくれるんですか？」

「証拠を揃えて持って行けば、犯罪抑止という視点で動いてくれるわ。あくまでも、情報収集という名目で」

穂積は怪訝な表情で、「情報収集ですか？」と聞き返してきた。

「そう。マル暴担当の刑事が電話して、〝五味さん、ちょっと小耳に挟んだんだけど、東亜自動車と何かモメてるの？〟なんて聞くの。すると五味は〝警察の耳に入った案件〟と思って、手を引く可能性が高いの」

「あぁ……、それは効果ありますね」

「確実に立件できる案件の場合は駄目だけどね。立件に向けて動こうとするから。今回のように、恐喝の証拠を残さない相手にはやってくれると思うの。犯罪抑止の視点からね」

「なぁーるほど！」穂積は、大きく頷いた。


その時、沙希の携帯電話が鳴った。

「はい、橘です。ああ、小西さん。先ほどはお疲れさまでした」

それだけ言うと、沙希は無言のまま小西の話に聞き入った。

暫くして、思わず「えっ！」と叫んでしまった。

穂積が心配そうに「どうかしたんですか？」と声を上げた。

沙希は携帯電話の口を押さえながら、「氏田さんが暴行を受けたんですって」とだけ答えた。

「だ、誰にですか？」

「あの元暴力団員の郷原」

それだけ言うと沙希は小西との会話に集中した。

そして、しばらく相槌を打ちながら小西の話に聞き入った。

五分ほど聞いてから、「仕方ないですね」と言って電話を切った。

沙希は腕組みをした左手を自分の顎に当てて、しばらく目を閉じて考えてみた。

目を開くと穂積に向かって、溜め息交じりに言った。

「あぁー、最悪の展開。自動ブレーキの誤作動と、事故のことが新聞に出てしまうわ」

「いったい、何が起きたんですか⁉」

「郷原が東亜自動車の本社に突然来て、小西さんと氏田さんが一緒に応対したらしいの。それで、怒鳴られた氏田さんが逆上して〝暴力団をやめても三年間は排除条例の対象だ〟と言ったら、いきなり掴みかかってきた。〝お前のような奴がいるから、俺たちは社会復帰できないんだ〟と言いながら。怪我はたいしたことはないけど、警察に通報したから郷原が逮捕されたの」

　穂積は呆気にとられたまま、言葉を失っていた。

「傷害事件の被害者としてだけど、東亜自動車の名前も出てしまうわ。ひょっとすると、元暴力団員をクレーマー扱いしたことが原因、なんて書かれる可能性もあるわね」

「そっ、それはまずいですね」

「ほんと……、本当にまずいわ。こうなることを恐れて、例外的に私が同席することにしたのに」

「何で氏田さんは、自ら応対したんでしょうか？」

「小西さんの応対に不満を持っていたから、上司として……いいところを見せたいと思ったのかも知れないわ」

「あるいは、沙希さんから話を聞いて、五味よりも郷原のほうが〝与《くみ》し易し〟と思ったのかも」

「だとしたら、私のミス。力不足ね」

　沙希は自責の念から、唇を噛んで悔やんだ。

沙希が懸念した通り、翌日の全国紙の朝刊は、扱いは大きくはなかったが、こぞって東亜自動車の傷害事件を報道した。当然ながら、背景に自動ブレーキの誤作動と事故があり、元暴力団員をクレーマー扱いしたことが原因であることも。

沙希は水野が豊産自動車に出社する、午前十時を待って電話をした。

「お父さん、もう記事になったから言いますが、あれは東亜自動車の案件でした。ご指導頂きながら、失敗してしまいました」

「ああ。読んだよ。しかし、沙希の失敗ではないと思うよ。失敗と思うとしたら、それは思い上がりだ」

「なぜですか？」

「危機管理は、そんな甘いものではないということだ。常に成功できるほど。しかも、コンサルタントは間接的にしか関与できない。だから、限界があるということだ」

沙希はポツリと「でも……」と、呟いた。

「沙希。私こそ、失敗したと思っている。肝心なことを伝え忘れたからだ」

「何ですか……？　忘れたって？」

「顧客クレームの対応については、六つに分類することを教えたね。しかし、その前に、危機管理そのものの理論を教えておくべきだった。四つの処方箋のことを」

思わず沙希は、「四つの処方箋ですか？」と聞き返した。

「そう、危機管理は、まず第一に危機の正体を見抜く。見抜いたら、〝折れる〟〝戦う〟〝防ぐ〟〝躱《かわ》す〟という四つから一つを選び、解決の方策すなわち処方箋を書くんだ。今回のような案件は、〝折れる〟を選択して下手に出て謝るべきなんだ」

「危機の正体って何ですか？」

「一言で言うなら、危機の全体像と危機の環境だ」

「…………」沙希は返す言葉を失って聞き入った。

「危機の全体像は、危機を鳥瞰《ちょうかん》して把握する。当該事案の当事者が、全体のどの位置にいるのか。加害者の岸なのか被害者の岸なのか」

「ああ……、そうですね。自動ブレーキの誤作動による事故。あれにおいては、事故の当事者よりも、東亜自動車のほうが、更に加害者側の岸にいる。それが分かりますね」

水野は力強く「そうだ」と答えた。

「急停止、つまり割り込み進路妨害が原因の事故でも、誤作動が真実ならば、購入者は被害者なんだ。そして、自動ブレーキの誤作動というのは、世間の注目を浴びる旬な事案だ。すなわち、マスコミから批判を受けやすくて、大きな騒ぎになりやすい。だから、細心の注意を払って臨むべきなんだよ。それを私は伝えなかった」

「よく分かりました。でも……お父さん、お父さんには真実を伝えてなかったから、お父さんは悪くないわ。真実を知った直後に、私が東亜自動車に〝細心の注意を払うべき〟と伝えるべきでした」

「沙希、本当のことを言いなさい。真実が分かる前に相手が来てしまって、沙希の知らないところで起きた暴行事件だったんじゃないか？」

水野の洞察力に感心しながら、返事の代わりに「なぜ分かるんですか？」と聞き返した。

すると水野は笑いながら答えた。

「お前には、尾行を付けてあるからだ。どこで何をしているか、何でも知っているぞ。昨日、高速隊へ行ったことも」

「あっ！　隊長から聞いたんですね。隊長から報告があったんですか？」

「いや、私のほうから問い合わせをした。最近、高速道路で自動ブレーキの誤作動による事故があったか、と。そうしたら、橘さんからも問い合わせがありました、と言っていた」

「私のために、事故の有無を問い合わせて下さったんですか？」

「いやいや、豊産自動車のためだよ」

「嘘ばっかり！　でも、本当にありがとうございます」

沙希は丁寧にお礼を言って電話を切った。

沙希は気晴らしにと思って、その日の夜、久し振りにカメラを片手に銀座に向かった。煌《きら》びやかな街並みの中にひっそりと佇む老舗の雰囲気は、どこか温かみを感じさせ、心を落ち着かせてくれる。

大通りを歩いていると、銀座・和光のショーウインドウに、雪の結晶をあしらったクリスマスのディスプレーが施されていた。クリスマスが近いからか、ショーウインドウの前にはカップルらしき男女が待ち合わせをしていたり、手を繋いだ家族がディスプレーの中のサンタを指差していたりしている。

普段は人の写真を撮らないが、その幸せそうな光景に温かみを感じ、気付けばカメラを向けていた。

「あぁ、こういう温かみもいいかも……」

今まで仕事一筋だった沙希は、家庭や恋人が必要だと思うことはなかったが、今日に限って自然と目に留まる。

それはいったい何故なのか。

——お父さんが旦那選びなんて言うからだわ。

沙希は自分に言い聞かせて、四丁目の交差点を後にした。

後日、小西から沙希に連絡が入った。

「郷原は、東亜自動車側が暴行の被害届を取り下げた結果、釈放されました。その代わりに、車の修理とムチ打ちの治療費だけで、和解に応じてくれました」と。

沙希は五味の件も聞いてみた。

すると小西は、明るい声で詳しく説明してくれた。

「あれから、五味が東亜自動車にアプローチしてくることは無くなりました。なぜなら、路肩に駐車していた車の所有者を五味から聞き出して、うまくヒアリングをしたからです。教えて頂いた、切り違い尋問を応用して。所有者は整備不良を指摘されるのを恐れて、テールランプは点灯していたと言い張りました。それを、五味に伝えると、五味は戸惑いながらも、テールランプは点灯していたと言いました。以前は消えていた、と言ったことを忘れて。作り話だから、忘れてしまったんでしょうね。そこで私は、五味に以前聞いた話の記録を見せて、話が違いますねと迫ったのです」

「勇気ありますね。素晴らしい！」

「今回も隣の部屋で、屈強な警備員が待機していたからです。五味は捨て台詞《ぜりふ》を残して、帰って行きました」

「そうですか。コツを覚えて頂いたんですね。私からも報告があります。警察の調査によって、五味と所有者が知り合いであることが判明しました。そこで、組織犯罪対策課の刑事にお願いをしてみました。五味さん、知り合い同士で追突事故があったんですか？　自動ブレーキの故障か何かで。その件で、少しお話を聞きたいと思っているんですが、と聞いてくれるように。すると五味は、そんな事故、知りませんねぇ、と答えたそうですよ」

「そんなことまで……。本当にありがとうございました。ところで、氏田室長は、東亜物産に戻る事になりました。ご自身の強い希望で」

小西の嬉しそうな声を聞いて、沙希も明るい気持ちになった。

第五章　亡霊による危機管理

新幹線を名古屋駅で降りると、沙希はタクシーに乗って東に向かった。名古屋市の東部には、八事《やごと》と呼ばれる地区がある。東山動植物園や名古屋大学のキャンパスによって、緑豊かで静かな環境が保たれており、愛知県の名立たる財界人が居を構える高級住宅地だ。沙希にとっては初めて訪れる地だった。

点在する洒落《しゃれ》た飲食店やブティックを眺めていると、タクシーは広い道路を左折して坂を上った。するとと突然目の前に、行く手を阻むかのように大きな建物が現れた。愛知女子医大病院だ。正面にあるレンガ造りの古い病棟と、後ろにそびえる近代的な病棟の組み合わせ。沙希の目には、熟練の医学と最新の医学の粋を集めた、高度な医療の場であることを象徴しているように映った。

タクシーを降りた沙希は、古い病棟の六階の病室に向かった。名古屋に本社を構える大手素材メーカー・東海マテリアルの経営トップである若林栄一会長を見舞うためだ。グループ内の企業との契約を、率先して推進してくれた恩人でもある。その会長が軽い脳梗塞で入院したと聞いて、急きょ駆け付けたのだ。

病室に入る前に、沙希はトイレに立ち寄った。若林会長は几帳面で礼儀を重んじる人なので、身《み》嗜《だしな》みを整えたいと思ったのだ。鏡に映ったセミロングの髪と、濃いグレーのパンツスーツの我が身を見て、沙希は、合格！　と心の中で呟いた。

会長は会話が少しおぼつかない様子だが、意識も明確で思いのほか元気だった。付き添いの女性——秘書室長で女川《おながわ》というらしい——に聞くと、少し痺《しび》れた症状が右半身に残っているが、食欲もあるという。だが、沙希は会長に負担をかけたくないと思って、なるべく話しかけるのを控え、寄り添うだけの時間を過ごすことにした。

沙希は穏やかな気持ちで、十五分ほど窓の外の夕日を眺めていた。すると、目の前で何か白い物体が落下して、直後にドスンという鈍い音が聞こえた。沙希が慌てて窓を開けて覗くと、ナース服姿の女性が不自然な格好で横たわっていた。舗装された地面にうつぶせの状態で、わずかに手足が動いたようにも思えたが、生存は絶望的であることが推測できた。

見ている間に人が集まってきて、「キャー！」という悲鳴と大きな叫び声が飛び交った。

「誰か！　タンカ、タンカを持ってきてくれ！」

「大丈夫か！　しっかりしろ！」

頭の中では二つの推察が交錯した。「他殺か」それとも「自殺か」。

だが、沙希は自制するために、大きく深呼吸をした。民間人である自分が、関与すべきではない。

その二日後の水曜日。東京へ戻った沙希に見知らぬ番号から電話が入った。

「愛知女子医大病院院長の赤松と申します。突然のお電話申し訳ございません。実は、若林会長の秘書の方から番号を聞いてお電話致しました。危機管理の事でご相談に乗って頂きたくて」

「ひょっとして、先日の、飛び降りの……」

「その通りです。実は、飛び降りたのは内村良子という、うちの有能なベテランの看護師でして、残念ながら亡くなってしまい……」

「そうですか……。心からお悔やみ申し上げます」

沙希の弔いの言葉に、赤松は少し間を置いてから「ありがとうございます」と、小声で答えた。ベテラン看護師の死に、憔悴し切った声色だった。

「……遺書らしきものも見つかりましたので、警察も自殺と認定しました」

「自殺ですか」

「ええ。それで一度東京へ伺って、お会いした上でご相談に乗って頂きたいと思うのですが」

「いえいえ、私が名古屋にお伺いします。院長先生には、そちらで対処して頂きたいことが沢山ありますから」

「そうですか。本音を言えば助かります。今病院の中は、動揺が大きくて……。特に看護師仲間、それに患者さんたちにも……」

「お察し致します。こういう事が起きると、原因について様々な憶測や噂話が飛び交います。そうならないために、迅速な真相究明と情報開示が必要になります」

沙希の言葉に、赤松院長は戸惑った口調で「憶測？　噂話ですか……」と呟いた。

「あくまでも例えばの話ですが、医師との不倫が原因ですとか、過重労働が原因ですとか。根も葉もない話が出てきます」

「ふ、不倫⁉　とんでもない。彼女は、そんな人ではありません。ですが……、過重労働はあったかも知れません。いや、あったと思います。彼女だけでなく、全ての看護師に言えることなんですが……」

「分かりました。では、私が伺うまでに、急ぎでお調べ頂きたい事が数点あります。第一に、直近六か月の残業と休日出勤のデータです。第二に、彼女の職場における最近の様子。つまり、心身の健康状態です。第三に、彼女のご家族の構成とか職業も、分かる範囲でお調べ下さい」

沙希は切迫した状況であることを意識してもらうため、意図的に早口で語った。

「ご家族の情報も、ですか？」

「今回のような案件では、ご遺族と会社、いや病院ですね、その対立が起きやすいからです。ですから、ご遺族への対応が最も重要と言っても過言ではありません」

「そ、そうですか。その視点はありませんでした。すぐに調べておきます」

「それから、できましたら、彼女が職場の仲間と写っている写真を集めて下さい。できるだけ楽しそうな表情の」

「しゃ、写真ですか？　なぜ、そんなものが必要なんですか？」

沙希は「それは……」と言いかけたが、言葉を呑み込んだ。電話では十分に意図が伝わらない、と思ったからだ。

「そちらに伺った時に、ご説明させて頂きます。それよりも、彼女のご両親へのケアもお願い致します。遠方の方なら告別式が終わっても、数日間は滞在される可能性があります。宿泊場所の提供や、お帰りの切符や送迎の車の手配とかです」

「確か、関東方面だったと思います。そこまで気が回りませんでした。すぐに行います。的確なアドバイス、本当に感謝しております。さっそく動きます」

赤松は気が急《せ》いたのか、電話を終わらせようとした。それを察した沙希は、内心で「これで迅速に動いてもらえるだろう」と確信した。

「院長先生、明後日の午前十時には行けますが、ご都合はいかがですか？」

「もちろん大丈夫です。お待ちしております」

会話を終えた沙希は、「金曜日の新幹線の切符を二枚取って」と穂積に頼んだ。


金曜日の早朝、沙希は穂積とともに名古屋に向かう新幹線の車中にいた。

「沙希さん、僕は何をすればいいんですか？」

「そうね、一言で言えば病院内での情報収集。それと、亡くなった看護師さんの、自宅近辺での情報収集かな」

「院内では主に何を聞いたらいいですか？」

「亡くなった方、内村良子さんっていうんだけど、彼女の最近の様子。疲れていたとか、落ち込んでいたとか」

「聞き込みですね、任せて下さい。ＤＣＢという社名は出してもいいんですか？」

穂積の言葉に、沙希は眉根を寄せた。

「いいわけないでしょ。警戒されて、いい情報が取れないし……。探りを入れてるなんて院長先生に伝わったら、気分を害するでしょ！」

穂積はバツが悪そうに頭を掻いた。そして、しばらく無言で思案している様子だった。

そこで沙希は、父から教わった時のことを思い出しながら、ものまねをする心境で穂積に語りかけることにした。

「例えば、〝数年前に父が入院した時、内村さんに親切にして頂いた者の家族です〟というような言い方もあるでしょ。『亡くなったという噂を聞いて、父が驚いています。それで来たんですが、何か悩んでいらしたんでしょうか？』とか」

穂積は「なるほど！」と短く叫んだ。

穂積の大袈裟《おおげさ》な反応に、可笑《おか》しさをこらえながら続けた。

「看護師さんの自宅の近辺なら、主婦の行きそうなお店や、夫婦で行きそうな飲食店とか。〝病院でお世話になったんですが、内村さん亡くなったそうですね〟と語りかければ、何かを話してくれるかも知れないでしょ。いつも二人で来てましたよ、とか。最近は二人で来なくなりましたね、とか」

穂積は再び「なーるほど！」と、声を上げた。

穂積が理解できたと確信した沙希は、話を切り換えた。

「穂積くん。私が警察庁に入庁したのは一九九五年、すなわち阪神・淡路大震災の直後。警視庁の広報課長に就任したのが二〇一二年、すなわち東日本大震災の対応に追われていた時期だったの。その両方で、共通する話題があったの。それは、写真。震災で家族を亡くしたご遺族が、最も喜んだプレゼントは、亡くなった方の生前の写真だって。火災で焼失してしまったり、津波で流されてしまったりして、写真が無くなってしまったからなのね」

沙希が語る話の結末を予測できないのか、穂積は戸惑いの表情を浮かべて「はぁ」とだけ答えた。

「だから、今回のような人が亡くなった案件の危機管理では、写真が大きな役割を演じてくれるの。覚えておいてね」

それだけ言って、沙希は目を閉じて眠ったふりをした。教えたことを穂積が理解し、記憶に刻む時間を与えたかったのだ。そして、これから始まる、愛知女子医大病院でのコンサルについて、戦略を練るためでもあった。


午前十時。沙希は愛知女子医大病院の院長室で、赤松院長と向き合っていた。黒いパンツスーツは、弔意を込めてのものだ。

赤松は白髪で丸い眼鏡をかけた、温厚そうな人物だった。名字の赤に白い口髭を加えると、まさに〝赤ひげ先生〟と呼びたくなる印象だ。

赤松は来訪に感謝の言葉を述べると、堰《せき》を切ったように数々の報告をしてきた。

「結論から申し上げますと、明らかに過重労働がありました。特に、この三か月ほどは、残業と休日出勤の合計が、毎月八十時間ほどありました。しかも、このところ体調も良くなかった、と職場の上司は言っております」

「八十時間ですか……。明らかに過重労働ですね」

沙希は、ペンを走らせながら答えた。

「お恥ずかしい話ですが、看護師の採用が難しくて、人手不足で、どの看護師も同じような状況です。しかも、昨年の春、労基署から労働時間に関する是正勧告も受けております」

それを聞いた沙希は、気持ちが暗くなった。難しい危機管理になると感じたからだ。

沙希の表情の変化を察したのか、赤松は明るい話題に切り換えてきた。

「橘さんのアドバイスで、彼女のご両親の宿泊や切符の手配をしたところ、とても喜んで頂きました。丁寧なお礼の言葉を頂きました。ご主人は、名古屋に本社を置く中堅商社にお勤めです。営業部門の課長と聞きました」

「そうですか。お子さんは、いらっしゃるんですか？」

「いません。内村は、とても子供が好きで、欲しがっていましたが……。彼女のことは、私が外科部長の頃から……よく知っています。仕事が速くて、患者に優しい、優秀な看護師でした」

赤松は当時を回想するかのように、ゆっくりと目を閉じた。

「悩むタイプの方ですか？」

「責任感が強くて、自責の念を持ちやすい人ですが、弱い人ではありません」

「精神的に病んでいて、そちらの既往歴があるとか……？」

「そんな話は聞いておりませんが……」

赤松は首をかしげながら、怪訝な顔をした。

その表情から、「既往歴はないな」と沙希は察した。医師である赤松が一緒に働いていたなら、気付くはずだ。

そこで、沙希は質問を変えてみた。

「内村さんは、上司の方に何か相談とか、要望を出していらっしゃいましたか？」

「相談とか要望ですか？」

「例えば、医師からのセクハラとかパワハラとかで」

「うーん、何も聞いておりませんが、すぐに聞いてみます」

赤松の反応を見て、沙希は「その線でもなさそうだ」と直観的に感じた。

様々な質問を重ねてみたが、自殺の原因らしきものが見えてこなかった。その結果、原因究明の範囲を、労務管理以外にまで広げる必要があると思い始めた。

沙希が思案をしていると、赤松が質問を投げかけてきた。

「あのぅ、写真を集めるようにとおっしゃった件ですが、既に指示しましたが、何にお使いになるんでしょうか？」

「ああ、それはご遺族の所にお届けするんです。人が亡くなった時、ご遺族に一番喜ばれるのが写真なんです。もう二度と、撮ることができませんので」

　すると突然、赤松が苦しげな表情をした。

「分かります。私も数年前に病気で妻を亡くしました。その妻の顔が、特に亡くなる直前の顔が、思い出せなくて困ることがあります。写真を撮っておけば良かった、と何度も後悔しています」

「お察し致します。事故や災害のご遺族の方からも、同じ言葉を何度も聞きました」

　赤松は無言のまま、小さく頷く仕草を繰り返した。

「それから、お仲間と写っている写真は、別の効果もあります」

「別の……？」

「そうです。自殺事案のご遺族は、強い自責の念にかられます。相談に乗ってやれなかった無力感や、気付いてやれなかった後悔から。その心の痛みから逃れるためには、外に原因を見つけることが必要です。だから……〝会社が悪い〟とか〝上司のせいだ〟という方向に行きやすいのです」

　赤松は大きく頷きながら、ポツリと「その通りですね」と呟いた。

　そして、目を閉じたまま、おもむろに語り始めた。

「妻を亡くした時に、医師である私は自分を責めました。そして、苦しくなった私は、妻を担当していた同僚の医師を疑いました。何か見落としたんではないか、と。そうでないことは分かっていながら……」

「お察し致します。それで、病院を敵視し始めた時に、職場の同僚や上司と楽しそうに写っている写真を見て頂くと、気付いてもらえるんです。病院は敵ではなく、亡くなった方の仲間の集まりだって。写真は時に、言葉や文字よりも雄弁に伝えてくれますから」

「ああ……、そうですね。確かに、そうですね」

「会社を攻撃しても、亡くなった方は喜ばない、と気付いてもらえるんです」

赤松は言葉を失って、ただじっと沙希を見つめてきた。

そして、唇を噛みながら、何度も無言で頷く仕草をした。

「橘さんと知り合えて本当に良かった。若林会長のおかげですな。彼とは高校の同窓で。それにしても、橘さんはお若いのに、何でそこまで人間のことが分かるんですか？」

「刑事は、殺人とか事故死とか自殺に立ち会うことが多いので……。そのご遺族にも事情聴取という形で接触し、立ち直るための支援もしますので……」

赤松は得心したかのような表情で、「あぁ……それで……」と声を漏らした。

そして、わずかな時間ではあったが、赤松は同じ姿勢のまま沈黙を続けた。

沙希は少し首をかしげて、無言のまま赤松の言葉を待った。

すると赤松は、姿勢を正して改まった表情で懇願してきた。

「橘さん、無理を承知でお願いしたい。私の病院には適任者がいないのです。貴女に病院の名刺を持って頂いて、事務長でも顧問でも構いません。ご遺族の対応をお願いできないでしょうか？」

そう言って、赤松は深々と頭を下げた。

予想もしなかった言葉に、沙希は困惑して「それは……」とだけ答えた。コンサルタントはあくまでも助言者であって、代行はしないのが原則だからだ。

沙希が戸惑っているのを察したのか、赤松は必死の形相で哀願を続けてきた。

そして、最後には驚くべき決意まで口にした。

「仮の名刺ではなく、本当に当院にお迎えして、ナンバーツーとして私を支えて頂きたい。将来は私の後継として経営の舵を取って頂きたい。医療崩壊の嵐に揺れる病院は、もう医者が経営をする時代ではないのです」と、切々と訴えてきたのだ。

そこまで言われると、沙希も無下《むげ》に断りきれない心境になった。

沙希はペンを置いて背筋を伸ばして告げた。

「代行はしないのが原則ですが、この案件のリスクランクは、現段階では上から二番目のレベル六です。労災認定や病院の不作為が明らかになれば、レベル七になる可能性もあります。一番難しいと思われるご主人の対応だけ……、お引き受け致しましょう」

沙希の承諾を得た赤松は、「ほ、本当ですか⁉」と小さく叫んだ。

そして、「良かった……」と言いながら、ふーっと大きく息を吐いた。

安心しきっている赤松を見て、沙希は敢えて厳しく聞こえるように続けた。

「ただし、違法残業があった以上、病院の責任は問われるでしょう。そうなると和解が病院側の目標になります。ですが、私は弁護士ではありませんので、ご遺族への対応がうまくできたとしても、和解の手続きなどの法律行為はできません。だから、有能な弁護士さんも必要です」

「あぁ、それなら大丈夫です。当院の顧問弁護士は、名古屋高検の検事長まで務めた、藤堂先生という著名な方ですから」

「えっ！」

沙希は思わず驚きの声を漏らしてしまった。

ヤメ検と呼ばれる検事上がりの弁護士は、相手と闘う案件においては有能だ。だが、和解をめざす案件に向いているとは言い難い。沙希は過去の経験から、そう思っていたからだ。

すると、赤松は恐る恐る聞いてきた。

「何か問題がありますか？」

沙希は迷ったが、首を横に振った。

「確か、若林会長の会社も同じ方が顧問をされていますね。お会いしたことはありませんが、偶然だったので驚いただけです」

赤松は怪訝な顔をしながらも、それ以上は聞いてこなかった。


夕方、沙希は穂積とともに、栄町に向かった。名古屋きっての繁華街だ。「味噌煮込みうどんの本家に行ってみたい」と穂積が言ったからである。名古屋コーチンのコクと、うどんの歯応えが特徴の店らしい。幸いにも個室に入ることができた。

香ばしい味噌の匂いに、いやが上にも食欲がそそられる。

うどんが運ばれてくるのを待ち侘びていると、穂積が報告を始めた。

「沙希さん、少しだけ自殺の原因が見えてきました。内村良子は無類の子供好きで、入院している子供を、わが子のように可愛がっていたそうです。本人も子供が欲しくて、不妊治療を受けていたようです」

「確か、四十歳だったわね。妊娠・出産の限界を感じる頃ね」

「沙希さんも同じ心境ですか？」

軽口を叩く穂積を、沙希は目でたしなめながら続けた。

「どうしても子供が欲しい人には、ラストチャンスという心境なのかも知れないわ。それで、見えてきた自殺の原因って何なの？」

「あぁ、それは、最近、内村良子が可愛がっていた幼い入院患者が二人、相次いで死亡したんだそうです。一人は骨肉腫で、もう一人は心臓病。心臓病の子はドナーが見つからなくて、移植手術が受けられなかったようです」

「いつ頃の話？」

「どちらも先週とのことです」

「それは……辛いわね」

「その子たちが亡くなった日からどことなく放心状態だったようで。特に心臓病の子は入院が長くて、お母さんを交通事故で亡くしていたので、実の母子のような関係だったと聞きました」

沙希は「そうなんだ……」と呟きながら、自らの刑事時代の苦い記憶を思い起こしていた。目に余る犯罪者の非道な言動や、想像を絶する被害者や遺族の苦しみや悲しみに接して、心が折れそうになったことがあった。それがいつまでも続くのかと思うと、絶望的な気持ちになることも頻繁にあった。そんな心情が蘇ってきた。

「看護師には、避けられない話ね。患者の死は……彼女は相次ぐ喪失感と、今後も同様の悲しみが続く絶望感を、同時に背負ってしまったのかも知れないわね」

「辛いですね。子供好きの彼女にとっては特に……でもベテランともなると、今までもそうした状況はあったんではないでしょうか。それとも、今回の子は特別だったんですかね」

二人で首を捻っていると、蓋の隙間から湯気が立ち上る土鍋が運ばれてきた。

「お待たせしました。かしわ入り煮込みうどんと、玉子入り煮込みうどんです」

蓋を開けると、味噌の香りとともに湯気がもわっと広がり、中はまだぐつぐつと煮立っていた。沙希は、熱々のうどんを取り皿の蓋に移し、一口食べてから話を続けた。

「……ひょっとしたら、更に別の辛い出来事が、覆い被さったのかも」

「何ですか、別のって？　聞き込みでは、他に原因になるようなことはなさそうでしたけど」

「それを明日、内村さんのご主人に聞いてくるわ」

「えっ⁉」と声を上げた穂積は、矢継ぎ早に質問をしてきた。

「聞くって、直接ですか？」「代行をするんですか？」「どこで会うんですか？」と。

沙希は一呼吸置いてから、ゆっくりとした口調で答えた。

「そうなの。院長に懇願されて、やむを得ず引き受けたの。院長の熱意にほだされたのかしら？　自分でも不思議なんだけど……」

「珍しいですね。クールで、何事にも動じない沙希さんが」

「あらっ？　私……クールかしら？」

穂積は笑みをこぼしながら、「悪く言えば〝か・た・く・な〟ですけど」と答えた。

沙希は怒った顔を作って、「頑固ってこと？」と言って穂積を睨んだ。

「そ、そんなこと言ってませんよ。あのぅ、その、この名古屋コーチンのように、噛み応えがあるけど、噛めば噛むほど美味しいってことですよ」

「あら、うまく言い逃れたわね。穂積くんも、このうどんのように、芯が硬くて歯応えが出てきたわね」

「いえいえ。僕はまだ、この程度です」と言いながら、穂積は箸で蒲鉾をつまみ上げた。

機転の利く穂積を見ていると、どこか頼もしさすら感じるようになった。

その夜、沙希は自分だけ名古屋に宿泊することにした。翌日に、内村良子の夫である正義と会うために。

土曜日の午後二時、沙希は内村正義と良子の両親が待つ自宅を訪れた。瑞穂グランドと呼ばれる競技場に近い、閑静な住宅街にあるマンションの一室だ。

沙希は、黒いパンツスーツで来て良かったと胸を撫で下ろした。その日の夕刻に通夜が営まれるため、ご遺族が黒い喪服に身を包んでいたからだ。

玄関口で『愛知女子医大病院　事務次長』の名刺を出して、沙希は丁寧にお悔やみの言葉を述べた。すると、両親は「色々ご配慮頂きまして」と言いながら、部屋の奥へと案内してくれた。

幾ぶん狭さを感じたが、整理整頓の行き届いた部屋だった。壁には風景や花の写真が、額装されて幾つも飾られていた。

部屋の奥から現れた夫の正義は、無言のままで厳しい表情を崩さなかった。眉間に皺を寄せて細めた目は、「何しに来たんだ」と言わんばかりだった。沙希が予測していた通りの反応だ。

「お取り込みの中、失礼とは存じましたが、色々なことをお聞き……」と話し始めると、正義が言葉を遮るように質問をしてきた。

「こちらも、色々と聞きたいと思っていました。病院で何かあったんですか？　人間関係のトラブルとか。そうでなければ、過重労働が原因かと思っていますが」

厳しい口調に驚いたのか、母親が低く小さな声で「やめて！」と叫んだ。

だが、正義は続けた。

「お義母さん、良子は残業も休日出勤も、病院の言われるままにやってきたんです。良子は病院に殺されたようなものです」

するとと、今度は父親が正義に聞いた。

「病院に殺されたって、何か根拠があるのかね？　しかも、病院とは誰の事かね？」

「そ、それは、上司とか、院長とか、みんなですよ」

「みんなが、寄ってたかって良子を苛《いじ》めたというのかね？」

「それは……これから調べたいと思っていますが……」

「それなら、そんな言い方をするもんじゃないよ」

正義をたしなめた父親は、「ご用件を……」と言って、沙希に言葉を促した。

「はい。二つの用件で参りました。一つは、これをお届けしたくて……」

言いながら沙希は、黒いバッグの中から十枚ほどの写真を取り出した。

「良子さんが職場の同僚と旅行をした時のものです」と言ってテーブルの上に置くと、両親は身を乗り出して手に取った。仏頂面だった正義も、両親に顔を寄せて覗き込んだ。そこには、明るく楽しそうに笑う良子の姿が写っていた。同僚と肩を寄せ合って、おどけたポーズを取っているものもあった。

見ているうちに母親の手が震え、小声で「良子ぉ」と叫んで、嗚咽を漏らし始めた。

それを聞いた父親も、顔をくしゃくしゃにして大粒の涙を流した。

夫の正義は、食い入るように写真を見ながら、静かな口調で沙希に尋ねてきた。

「いつ、どこで撮影したものですか？」

「昨年、鎌倉と逗子に行った時のものと聞きました」

「あぁ、あの時の……」

「お手元に無いかも知れないと思って、お持ち致しました」

すると正義は天を仰ぐような仕草をした後に、ポツリと漏らした。

「写真に写るのが嫌いな奴でしたから、写真はほとんど残っていません」

すると母親が、涙を拭きながら沙希を見つめてきた。

「恥ずかしがりやの娘で、私の手元にも最近の写真は一枚もありません。本当にありがとうございます。宝物にします」と言って、深々と頭を下げた。

父親も一緒に頭を下げながら、正義に向かって言った。

「なあ、正義くん。見てみなさい。君は病院を敵視しているようだが、病院は良子の仲間の集まりじゃないか。楽しそうにしていた……そう思わないか」

そして沙希に向かって、「ところで、もう一つのご用件は何ですか?」と尋ねた。

沙希は、「それは……」と言いかけたものの、言葉を呑み込んだ。夫婦仲のことを両親の目の前で聞くことに、少し気が引けたからだ。

そんな沙希の心中を察したかのように、正義が自ら話し始めた。

「自殺の原因に関することですね。夫婦の間に問題があったかどうか、聞きたいんでしょ。結論を言えば、何も問題はありません。あるとしたら、子供ができなかったことぐらいでしょう」

「決して……ご家庭に原因があったなんて思っていません。良子さんのためにも原因を究明して、同じような悲劇を食い止めなければなりません。それで、何か手掛かりになるようなお話を、お伺いできたらと思いまして……」

正義は少し間を置いてから、「明日の夕方なら」と呟いた。

「分かりました。明日の夕方に、再度伺います」とだけ言うと、沙希は深々と一礼をして内村宅を出た。

翌日の午後四時。沙希が内村の自宅を訪れると、ジーンズ姿の正義は一階のエントランスで待ち構えていた。改めて見てみると、彫りの深い顔に、ひき締まったアスリートのような体型。その姿を見て、異性であることを再認識した沙希は、少し戸惑いを感じた。

「橘さん、近くに公園があります。そこで話しませんか？」

それだけ言うと、正義は返事も聞かずに歩き始めた。

沙希も黙って後に続いた。

辿り着いたのは、ブランコも滑り台も無い小さな公園。人もまばらだった。秋風に吹かれた枯れ葉だけが、時おり行き交っていた。

正義は木製の古いベンチの前に着くと、枯れ葉を払い落としてから沙希を促した。

向き合わずに話せることに、沙希は安堵した。子供ができない原因に話が及ぶと、性生活に触れざるを得ないからだ。

「橘さん、良子の自殺について、何か情報をお持ちですか？」

正義は単刀直入に聞いてきた。

沙希も率直に答えた。

「入院していた二人の子供が、相次いで先週亡くなったと聞きました。我が子のように可愛がっていた良子さんは、かなりショックを受けていらしたようです」

「ああ！　そう言えば……」と言って正義は絶句した。そして、悔しそうに唇を噛んだ。

沙希は無言のまま、正義が口を開くのを待った。

すると、暫くして正義が語り始めた。

「そう言えば、そんなこと言ってましたね。接待で酒を飲んで帰った日だったから、しっかりと話を聞いてやらなかったけど……」

「放心されていたそうです。しかし、それだけで自殺なさるとは思えません。残業や休日出勤も多かったようですが、疲れ切っていたという様子でもなかったようです」

沙希の言葉に、正義は小さく頷いた。

「昨日は失礼なことを言いましたが、実は私も、そんなに良子が自殺するほど疲れていたとは感じていませんでした。ただ……」

言いかけたものの、正義は苦悩の表情を浮かべて口をつぐんだ。

沙希は敢えて聞かずに、正義が話し始めるのを待った。

するのと正義は、ポツリと「私が追い詰めてしまった。その可能性が高いんです」と吐き出すように言った。

「何かあったんですか？」

「良子は、とても子供を欲しがっていました。排卵を促進する不妊治療も積極的に受けていました。私は、そこまで気乗りがせず、仕事を理由に検査を拒んでいたのですが……最近になって、いつになく真剣に検査を受けて欲しいと言ってきました。それで、やむなく検査を受けたんですが、原因は私だったんです。若い頃にかかった、お多福風邪が原因だろうと言われました」

「奥様に、それを伝えたんですか？」

正義は無言のまま頷いた。

そして、両手で何度も髪を掻き上げてから、前屈みになった。肘を両膝に乗せて、両手を固く握り合わせた姿勢は、後悔と苦悩に満ち溢れていた。

その姿に、沙希は自分が寄り添ってあげなければならないという使命感に駆られた。そっと正義の肩に手を置くと、正義が重そうに口を開いた。

「先週の土曜日に検査結果が出て、その日の夕方でした。今後のことを、良子と話していたのですが、自分自身もショックを受けていて……子供を諦めよう、と言ってしまったんです。それを聞いた良子は、突然泣き出し、『どうして貴方は逃げてばかりなの！　私だって忙しい中こんなに不妊治療をやってきたのに』と私を激しく責めました。それで私も、売り言葉に買い言葉のように言ってしまったんです。そんなに子供が欲しいなら、俺と別れて別の男とでもやり直せばいいじゃないか、と」

そこまで話すと、正義は肩を震わせて嗚咽を漏らし始めた。

「今考えると、我が子同然の子供を失ったばかりの良子に、そんなことを言うべきではなかった……」

沙希は無言のまま正義の肩を擦った。どんな言葉も、無力にしか思えなかったからだ。しかし、自分の行動にリスクも感じていた。危機管理のテクニックとして、スキンシップを用いることはある。だが、相手は出会って間もない男性だ。思わぬ誤解を招く恐れも、少なからずあると思ったからである。

暫くすると、正義が重い口を開いた。

「橘さん、心配しないで下さい。病院を訴える気持ちはありませんので。貴女に話して、気持ちが楽になりました。今日は話を聞いて頂いて、ありがとうございました」

それだけ言うと、正義は逃げ出すように公園を後にした。

ベンチに残された沙希は、危機管理を成功させた満足感よりも、既視感に襲われていた。それは、自らの体験ではなく、想像していた光景だった。父の水野が、沙希の実母に寄り添って、支えようとしている姿。それと今の自分が重なって、沙希は愕然とした。

「被害者の遺族との交渉は、相手の心の痛みを癒すことが第一歩だ。それを成し遂げるには、仕事の対象者に寄り添うことが必要。だが、悩みを聞いて親身になれば、相手は心を開いて依存してくる。それが異性であれば、恋愛感情を抱かれてしまう可能性が高い。それを無下に拒絶するのは難しいのではないか……」

沙希は心に浮かんだ言葉を消し去りたくて、かぶりを何度も振った。それは、自分の人生を狂わせた、忌まわしい原因そのものだからだ。

沙希は大学に入学した直後、引っ越し業者から受けたストーカー行為も思い出していた。親切心を勘違いされ、恋愛感情を抱かれてしまった、あの苦い経験だ。

「早く、この件から身を引かなければ……」

沙希は意を決したように、すっくとベンチから立ち上がった。

月曜日の朝、沙希は赤松院長に電話をするために、机の上の受話器を取った。そして、良子の両親の好意的な反応や、夫・正義が「病院を訴えない」と言ったことを報告した。

だが、正義と良子との会話や、幼い入院患者の死によるショックの話は、敢えて伝えなかった。弁護士が「病院側に責任はない」と主張する可能性があり、和解の妨げになると思ったからだ。

「えっ！　もう解決したんですか！」

赤松は感嘆の声を上げた。

わざと沙希は、抑えぎみに答えた。

「いえ、まだ、解決したわけではありません。弁護士の先生に和解の手続きをして頂いて、それが済んだ時点で解決です」

「分かりました。早速、藤堂先生に連絡し、手続きをして頂きます」

「決して急がないで下さい」

「えっ、早いほうがいいと思いますが、違いますか？」

赤松の言葉に、悪い予感がした。一刻も早く終わらせたいという気持ちが、伝わってきたからだ。だが一方で、自分もこの件から早く手を引きたい思いもあり、沙希は妥協して「弁護士の先生にお任せ致します」と答えた。

電話を隣で聞いていた穂積が、受話器を置いた沙希に問いかけてきた。

「沙希さん、うまくいったんですね。さすがですね」

沙希は即答せずに、首をかしげてみせた。

「どうかされたんですか？」

「うまくいったのは良かったんだけど、それが本当に正解だったのかなって」

沙希は、自分でも意外な言葉が口を衝いて出てしまった。

「沙希さんでも、そんなふうに思うことがあるんですか？」

「なっ、何よ。私のことをロボットか何かだと思っているの？」

「そうじゃないですけど、珍しいなと思って……」

「……私、ちょっと疲れているのかも知れないわ。危機管理コンサルタントの仕事って、気が休まる間がないから。常に正確な展開の予測をしなきゃいけないでしょ。マスコミからの取材があれば、どんな批判記事を書こうとしているのか。暴力団が来れば、どんな脅しや罠を仕掛けてくるのか、とかね。予測を誤って間違った判断をすれば、クライアントが窮地に陥ってしまう。正しい判断をしても、その通りにクライアントが動いてくれない時もある。クライアントに寄り添えば、その怒りや悲しみを共有することになるでしょ。この仕事を始めて数年経つけど、慣れるということはないのよね」

沙希は溢れ出す言葉を抑えられなかった。だが、言い終えた直後に、深く後悔をした。

——上司として失格だ。

唖然とする穂積の顔を見て、いたたまれない気持ちで沙希は席を立った。

四日後の金曜日の朝、沙希の携帯に、慌てた様子の赤松から電話が入った。

「橘さん、昨日、藤堂弁護士が内村の遺族と会いましたが、和解できませんでした」

「えっ、どうしたんですか？」

「ご主人が〝お金の問題じゃないだろう〟と言って、怒り出したそうです」

——やっぱり。沙希は唇を噛んだ。

「過重労働があったので、労災申請されるのを避けるために、五千万円を提示しました。認定されたら、その倍以上の損害賠償額になりますので。ところが、首を縦に振らなかったので、いくら欲しいのかを聞いた。そうしたら、急に怒り出したとのことです」

沙希は「急がないで」という要望を、妥協して強く言わなかった自分を悔やんだ。

しかし、気を取り直して、打開のためのコンサルをすることにした。

「人の命や人の悲しみと比較したら、お金なんて全く無力です。赤松先生、奥様の命の代償として五千万円もらったら、何にお使いになられますか？　高級な外車を買いますか？　それとも、家や土地を買いますか？　それで、気持ちが晴れて救われるんでしょうか？」

受話器の向こうで、赤松は返す言葉を失っているようだった。

そこで、沙希は諭すような口調に変えて続けた。

「人が亡くなった事案の被害者すなわち遺族との交渉は、段階的にステップを踏んでいくと解決するものです。癒される・腑に落ちる・許す・忘れる、の四つなのです。だから、いきなり、〝許す〟を求めると拗れてしまいます。おそらく……ご遺族は、和解の条件がお金だけということが、腑に落ちなかったんだと思います。同じような悲劇を繰り返さないための改善。お渡しするお金を何に役立てて欲しいのか。そういった点まで考えた上で、丁寧に説明していくことが必要なのです」

赤松は一瞬の間を置いてから、「おっしゃる通りですね」とだけ言って、再び沈黙した。

「明日の土曜日、私がもう一度名古屋へ行きます」

沙希はやむを得ずそれだけ言うと電話を切った。

翌日の午後三時、沙希は前回と同じ公園で正義と待ち合わせをした。

茶系で統一された正義のジャケット姿は、いかにもお洒落をしてきたぞ、という印象だ。沙希は髪を後ろで束ねて、わざとグレーの地味なパンツスーツを身に着けていた。

会うなり沙希は、深々とお辞儀をした。

「私どもの顧問弁護士が、配慮のないことを申し上げて、ご不快な思いをされたかと存じます。本当に申し訳ありませんでした」

「いえ。私も、ついカッとなって、感情的になってしまいました」

「私も院長も心から反省し、申し訳なく思っております」

「いえいえ、橘さんが悪いわけではありません。むしろ逆です。橘さんの言動と、顧問弁護士の言動に、ギャップがあり過ぎて……。驚いてしまったんです」

「本当に申し訳ありませんでした」

沙希は再び深々と頭を下げた。

だが正義はそれを拒むように、「まあ、座りましょう」と言いながら、自らベンチに腰を下ろした。

正義の横に座った沙希は、もう一度「申し訳ありませんでした」と言いながら、深く頭を下げた。

「橘さん。いくら頭を下げて頂いても、私はお金を受け取りませんよ。良子の命の代償を受け取るなんて、できるわけがありません。良子を追い詰めた私には、受け取る資格もありませんから」

そう言って正義は、ゆっくりと天を仰いだ。

暫くして、沙希はポツリと「あの写真……」と呟いた。

すると正義は、怪訝な表情で、沙希の顔をじっと見つめてきた。

「良子さんの写真、どこで撮ったものか覚えていらっしゃいますか？」

「逗子とか鎌倉でしょ？」

「そうです。湘南の海が見える丘です。私は神奈川県の相模原の出身ですから、湘南の海にはよく行きました」

「偶然ですね。良子の実家も相模原の津久井です」

「そうですってね。あの写真をくれた同僚の看護師さんから聞きました。良子さんの夢の話と一緒に」

「夢？　夢って何ですか？」

「津久井は山の中だから、ご両親に海の見える丘に家を建ててあげたい、とおっしゃっていたそうです」

正義は一瞬戸惑いの表情を見せたが、すぐに深く頷いた。

ポツリと、「親孝行な奴でしたから……」とだけ言うと、正義は口をつぐんだ。

沙希も敢えて口を開かなかった。

そのまま十分ほどが経過しただろうか。

沈黙が気になりだした沙希は、静かな口調で語り始めた。

「良子さんは、もう親孝行ができなくなってしまいました。その親孝行を、良子さんの代わりに、病院にさせて頂けませんか。ご両親のための家を、海の見える丘に……建てさせて頂けませんか？」

　正義は返事をする代わりに、沙希をじっと見つめてきた。ただ、ひたすら、じっと見つめてきた。その目は涙で潤んでいたが、強い決意を秘めているようにも感じられた。

　暫くして、正義は「あなたは、どうして……そこまで」と言いかけて、後の言葉を呑み込んだ。そして、「良子の両親に聞いておきます」とだけ言い残して、公園を去って行った。


　五日後の木曜日の夕方、沙希の携帯が鳴り、見知らぬ番号が表示された。

　出ると、不機嫌そうな声で「藤堂と申します」とだけ言われた。その口調は、まるで「それだけ言えば分かる筈だ」と言わんばかりだ。

「あっ！　愛知女子医大病院の、顧問の藤堂先生ですね」

「うむ。愛知女子医大病院の面倒も見ているが、私は愛知県の弁護士会の会長でもある」

「伺っております。名古屋高検の検事長をされていたと」

「うむ。君がいた警察庁で言えば、元長官の吉森君と東大法学部の同期ですな」

　上から見下ろすような言葉ばかり繰り出してくる。沙希は藤堂に嫌悪感を抱いた。

「吉森長官ですか。私にとっては雲の上の方で、お目にかかったことすらありません」

　すると、藤堂は満足げに「そうでしょうな」と答えた。あたかも「上下関係が分かったか」とでも言いたげだ。

「ところで橘さん。内村さんから連絡がありましたよ、和解に応じるって」

「あぁ、そうですか。それは、安心致しました」

「橘さん、貴女は弁護士ですか？　それとも、司法書士ですか？」

「はぁ？　私は……どちらでもありませんが……」

「ほぅ、弁護士でも司法書士でもないと……。ならば、貴女は非弁行為すなわち弁護士法違反をしたことになりますすな」

その言葉を聞いて、沙希は全てを察した。自分が失敗した内村との和解を、沙希が解決に導いた事を、藤堂が妬んでいると。あるいは、失敗して面子《メンツ》を失った怒りを、沙希にぶつけようとしているんだと。

「いえ、私は和解の手続き、すなわち法律行為はしておりません」

「ならば君は、どんな立場で内村さんと会われたんですか？　代理人でないとするなら。まさか……嘘の肩書なんか使ってないでしょうな」

藤堂の鋭い質問に、沙希は内心ドキッとした。『事務次長』の名刺が頭に浮かんだからだ。

だが、それを悟られまいとして、逆に平静を装った明るい声で答えた。

「情報収集が主な目的です」

「ほぅ、情報収集ですか。家を建てるという提案をすることが、情報収集ですか？」

「相手が何を望んでいるのか、それを探るために聞いたんです」

すると藤堂は厳しい口調で返した。

「それを探ったなら、結果を私に報告するべきでしょう。その前に、代理人である私の了解を得てから、内村さんに会うべきだと思うが。いかがかな？」

「それは……失礼致しました。院長先生に報告したので、藤堂先生にも伝わっているかと思っておりました」

「おや。君は、自分の落度を院長になすりつけるつもりですか？　呆れた人だな。弁護士会としても非弁行為は看過できない。しかるべき措置を取るので、覚悟しておきなさい」

それだけ言うと、藤堂は一方的に電話を切った。

沙希は怒りで頭が熱くなるのと同時に、不安で背中が寒くなるのを感じた。自分自身に「冷静になれ」と命じながら、大きく深呼吸をした。だが、不安感は無くならなかった。藤堂の言った「しかるべき措置」は、司直などへの告発であると推測される。

翌週の月曜日。不安にさいなまれて週末を過ごした沙希のもとに、赤松院長から電話が入った。

「橘さん、藤堂先生から連絡が入りました。和解できる見通しが立ったと。本当にありがとうございました」

「そうですか……。藤堂先生は何かおっしゃってましたか？」

「何かって……別に何もおっしゃってませんが、何かあったんですか？」

沙希は躊躇しながらも、言葉を選びつつ、木曜日にかかってきた電話の報告をした。

するとと赤松は憤慨した様子で、「そんな失礼なことを！」と吐き捨てるように言った。

その剣幕に驚いた沙希は、赤松をなだめる必要があると感じた。

「赤松先生、私のミスもあります。早い段階から、藤堂先生と連絡を取り合うべきでした。それを怠ったことを、危機管理のプロとして反省しております」

「いやいや、そんなことはありません。元はと言えば、藤堂弁護士のミス。それを橘さんが補ったわけですから」

「無断で補ったことが……いけなかったんです」

「そんな馬鹿な！　あぁ……橘さんの電話番号を教えた私がいけなかった。てっきりお礼の電話を入れるのかと思って。本当に申し訳ありません」

沙希はなるほど、と心の中で呟き、安堵した。なぜ藤堂弁護士が自分の携帯の番号を知っているのか？　司直への告発のために、身元調査をしたのか？　ならば告発は避けられない。そんな不安を抱いていたからだ。

「橘さん、ご安心下さい。告発など、絶対にさせません。私に、いい考えがありますので。すぐにアクションを起こします」

赤松は沙希の返事も待たずに、会話を終了させた。

それから三日後の木曜日。ちょうど一週間振りに、藤堂は再び沙希に電話をかけてきた。前回にも増して不機嫌そうな声で、藤堂は単刀直入に話し始めた。

「やってくれますねぇ、橘さん。若林会長の秘書から、グループ企業全体の顧問契約を見直したいと連絡がありましたよ。赤松院長からは、白内障の名医の紹介を断られました。妻が手術を望んでいたんですがね」

「えっ！　それは、私は全く存じませんでした」

「白々しいですな。まあ、いいでしょう。私も本気で貴女を潰そうと思っていたわけではないから。言わば親心のようなもんで、若い貴女に指導を与えたいと思っただけだから。だがね、私を甘く見ないほうがいい。貴女とは、またどこかで衝突する時が来ると思うがね」

藤堂の捨て台詞は、負け犬の遠吠えのようにも聞こえたが、沙希は真摯に受け止めることにした。非弁行為は、コンサルタント業務のグレーゾーンだ。

「ご指導は肝に銘じておきます」

沙希がキッパリと言うと、藤堂は不機嫌そうに鼻を鳴らし、電話を切った。

それから、約二か月後の夕刻。沙希は正義と銀座の喫茶店で待ち合わせをした。湘南の丘に建てる家の図面を、正義に渡すためだ。一階のケーキ売り場の横にある階段を上ると、先に到着していた正義が軽く手を振った。

紺色のスーツ姿の正義は、エリートビジネスマンの印象だった。沙希はいつも通りの、地味なグレーのパンツスーツだ。

席に着くなり、沙希は深々と頭を下げた。

「内村さん、今日は遠方からお越し頂いて、申し訳ありません」

「いえいえ、東京支社に用がありまして、そのついでですから」

「支社には、よくいらっしゃるんですか?」

「いいえ。実は支社への異動希望を出しまして。その人事面談で、初めて来ました」

異動希望という言葉に、沙希は心を締め付けられた。名古屋を離れたい心境が、理解できたからだ。かつて自分が実家を離れたかったように。

「名古屋で過ごす……、奥様と過ごした家で暮らすのは辛いですよね」

「それもありますが、前向きな再出発という意味もあります」

「心機一転で出直すには、刺激の多い東京は最適かも知れません。色々なことを忘れさせてくれますから」

沙希は自らが、大学入学とともに、東京で暮らし始めた頃を思い出していた。

すると正義は、一呼吸置いてから「それもありますが……」と言って、真剣な目差しで沙希を見つめてきた。

沙希は思わず目を逸らし、正義の言葉を遮るように言った。

「ああ、良子さんのご両親のお世話をなさるんですね」

正義は一瞬眉を寄せた後、あ、えぇ、まぁと曖昧な笑みを浮かべた。

それ以上は何も言ってこなかった。

沙希が無言のままコーヒーを何度もかき混ぜていると、正義は話題を建てる家の話に切り換えてくれた。

「湘南国際村に近い丘。あそこは、美しい夕日が見えることで有名ですよね。写真雑誌に投稿されていたのを見たことがあります。僕は写真が趣味ですから」

「あらっ！　私もです。そういえばご自宅に、風景写真が何枚も飾ってありましたね」

「沙希さんもですか？　偶然ですね、趣味が一緒なんて！」

突然名前で呼ばれて沙希は面食らったが、冷静に応えた。

「あぁでも、私の写真は風景ではなくて、古い家とか物が対象なんです。記録というか、ドキュメントなんですね」

沙希と趣味の話も拡げられず、正義は落胆した表情をした。

だが、すぐに気を取り直したように、改まった顔で語りかけてきた。

「良子の両親は、大変喜んでいます。でも、良子が両親に家をプレゼントしたいなんて話、初耳だったそうですよ。良子の亡霊が、同僚の看護師に、いや沙希さんに伝えたんですかねぇ」

沙希は返事をせずに、笑ってごまかした。

一人で喫茶店を出た沙希は、銀座・和光の前に差しかかった。今年もクリスマスの煌びやかなディスプレーが施されていたが、去年とは違い、心なしか一人佇む人ばかりに目が行ってしまう。

〝私はやっぱり結婚よりもダメコンのほうが向いているわね〟

心の中で呟きながらも、沙希は自身の水野に対する思いの変化を感じていた。

まだ……父・水野の不倫は許せないが、不倫に至ってしまう過程は理解できた。理解できたことによって、いつの日か許せる日が来るのかも知れない。

そんなことを思いながら、ネオンの灯が点《とも》り始めた銀座を後にした。

第六章　企業内ウイルス

年が明けて、門松が一斉に姿を消した頃、若林会長の側近の秘書室長から、沙希の席に電話が入った。

「橘先生、以前お会いした東海マテリアルの女川です。先日はお見舞いにお越し頂き、ありがとうございました。おかげさまで、若林はほぼ全快致しまして、年明け早々に退院できました。今日はそのご報告を、と思いましてお電話致しました」

女性的で品のある声を聞いて、会長の傍らにいた色白でほっそりとした女性を思い出した。

「おめでとうございます。もう、出社なさっているんですか？」

「ええ、まだ毎日ではありませんが。むしろ、以前よりもお元気で、私たちが戸惑うくらいです」

「それは……、目に浮かびますが、本当に良かったです。ところで、その節は……お手を煩わせてしまい、申し訳ありませんでした」

「えっ？　ああ、藤堂先生の件ですか。こちらこそ、ご迷惑をおかけ致しました。私も契約の見直しの件をお伝えしたら、厳しいお叱りを受けました」

「女川室長まで……」

するとと女川は押し殺した声で、「藤堂先生は、若林会長の部下は自分の部下、と思っていらっしゃる方ですから」と、皮肉たっぷりに答えた。

女川の的を射た表現に、沙希は思わずクスッと笑い声を漏らした。

「聞かなかったことにしておきます。ところで、最近は大きなトラブルも無いようですね。便りの無いのは良い便り、と思っておりますが」

「そうなんです。御社と契約してから、不思議と危機は発生しなくなりました。意味不明な書き込みが、ネット上で見つかることくらいです」

「それは何よりです。契約をお守りのように思って頂いて光栄です。しかし、意味不明な書き込みは、危機の前触れの可能性があります」

「あっ、そう言えば数日前、会長宛てに変な手紙も届きました」

沙希は「えっ」と呟くと、意図的に声色を変えて「どんな手紙ですか？」と聞き返した。

女川に緊張感を高めてもらうためだ。

「一言で言えば、総務部長を誹謗中傷するものです。根も葉もない話で」

「ああ、いわゆる怪文書ですね。お金にまつわる話ですか？」

「その通りです。印刷物の発注先に、高級な接待を要求したとか。業者からバックマージンを受け取ったとか」

「書いてある内容に5W1Hは入っているんですか？」

「えーっと、詳しくは入ってなかったと思いますが、接待を受けたお店なんかは書いてありました」

「差出人の住所・氏名は書いてありますか？」

立て続けに聞かれた女川は「ちょっとお待ち下さい」と、受話器の向こうで幾度か引き出しを開け閉めする音を立てた。そして「あっ、ありました」と言って読み始めた。

「東海マテリアルを監視する株主の会、と書いてあります。住所はありません」

株主の会と聞いて、嫌な予感がした。だが、確信が持てなかったために、「ちょっと心配ですね」とだけ答えた。

「な、何故ですか？」

「差出人とか時期が、あまりにもでき過ぎているような気がします」

「と、言いますと？」

「御社は十二月末決算でしたね。すなわち、三月が株主総会。タイミングが良過ぎます。しかも、総務部長は株主総会の立役者ですから、株主の意向には敏感に反応します」

「なるほど……ですね。確かに、三田部長は事実無根だ、と言いながらも気にしてますね。そう言えば意味不明な書き込みも、株価検索サイトの掲示板でしたが、気にしてました」

沙希は「うーん」と呟きながら、わざと間を置いてから聞いた。

「どんな書き込みですか」

「よくは覚えていませんが、内部統制がどうのこうので、株価が下がるという内容でした」

「総務部長の不正と内部統制。妙に符合しますね」

「ああ、気付きませんでした」

「この件、若林会長はご存じですか？」

「根も葉もない話と思ってましたので、まだ報告しておりません」

「それは正しい判断ですね。会長が気にして〝調べろ〟なんて展開になったら、差出人の思う壺ですから」

沙希は頭の中を、既にコンサルモードに切り換えていた。

「女川室長。今後、届いた怪文書は開封しないで下さい。中の手紙に差出人以外の指紋が付いてしまうと、証拠能力が無くなってしまいますので。間違って開封した場合も、コピーやファックスは禁物です。強い光を当てると、指紋が薄くなる恐れがあります」

「えっ、そうなんですか。知らずにコピーしてしまいました」

「それでは、そのコピーを送って下さい。今後、会長以外の経営者層にも届く可能性がありますので、皆さんには差出人の書かれていない封筒は開封せずに秘書室に渡すようにお伝え下さい」

「承知しました。とりあえず、手元のコピーをファックス致しましょうか？」

「いえ、ファックスは誤送信のリスクがあります。それに、ファックス機にも記憶されますので、それも気になります」

わざと沙希は、畳みかけるように語った。事の重大さを認識して欲しいのだ。

女川は圧倒されたかのように、「分かりました。すぐにお送り致します」とだけ答えて、電話を切った。

その二日後、沙希の元に怪文書のコピーが届いた。

ＤＣＢ社では、まだお屠蘇《とそ》気分が抜けきれずに、のんびりとした雰囲気が会社全体に漂っていた。しかし、沙希だけは既にエンジン全開の気分になっていた。

さっそく怪文書を穂積に渡して、会議室で読むように指示した。そして、読み終えた頃を見計らって入室し、文章の分析に取りかかった。

「穂積くん。文章の内容に入る前に、この怪文書の外形を見て気付くことない？」

沙希は考えさせるため、質問から入った。

「外形ですか……？　Ａ４で罫線も無い、普通のプリンター用紙ですね」

「そういう意味ではなくて、人相、というか人の顔の特徴に置き換えてみてよ」

言われた穂積は、手にした怪文書を少し離してながめた。

「あぁ、そういう意味では、字がぎっしり詰まっていて、黒っぽい印象ですね。人相で言えば、濃い顔というか、色黒って感じですね」

「そうね。漢字が多くて改行が少ないからなのね」

「確かに。しかもセンテンスも長いですねぇ」

「文章の人相というのは、自然に現れてしまうものなの。性格とか習慣からくるものだから。段落の始まりの文字を必ず一文字下げているのは、几帳面さの現れとか」

「なるほど。犯人、いや差出人探しの、手掛かりになりますね」

「そうね。社内の人間が差出人なら、業務報告書なんかと比べると分かるわね」

「名案ですねぇ」と、穂積は呟きながら、大きく頷いた。

「次に、内容に移るけど、まず目線という観点から見てみようか」

「目線ですか？」

「そう。下から上に向かって不満をぶつけているのか。または、上から下に向かって叱っているのか。あるいは、第三者の目で横から批判しているのか」

　穂積は、真剣な面持ちで怪文書を熟読し始めた。

　そして、読み終えると、おもむろに口を開いた。

「明らかに、上から下に向かっていますね。総務部長のことを、内部統制の旗振り役とか、経営感覚が乏しいなんて、上から目線で書いてありますから」

「そうね。平社員の視点や言葉ではないわよね。目線は変わらないから、血液型のように分類できて、個人を絞り込むのに役立つの」

　穂積は頷きながらメモを取り出し、さらさらとペンを動かした。

「次に、この差出人は社内か社外か。そこを分析してみようか」

「株主の会とありますから、社外ですかね？」

「そうかな？　総務部長が接待を受けた店の名前まで、外部の人間が分かると思う？　しかも、コンプライアンス・ハンドブックや服務規定の内容にまで言及しているのよ。詳し過ぎると思うんだけど」

「なるほど！　おっしゃる通りですね。すると、差出人は、社内で総務部長よりも地位の高い人物、ということになりますね」

「そうね。〝昨今の経営環境に鑑みれば〟なんて表現。年配の役員クラスでないと、使わないわよね」

「確かに。カタカナの言葉なんかも、エレベータとかメーンバンクとか。ちょっと古いですね。今はエレベーターとかメインバンクと書くのが普通ですから」

沙希は笑顔で深く頷いて見せた。穂積の分析に手応えを感じ始めたからだ。

「穂積くん、正解よ。外来語の読み方は人によって違うから。それでいて毎回同じ読みを用いるから、足跡みたいなもので、個人を特定する貴重な情報になるの」

「履き慣れた靴を履いてしまうように、使い慣れた読み方を書いてしまうんですね」

「慣れと言えば、句読点の位置も習慣が出るから、特徴として見ると面白いの。主語の後に必ず読点を入れるとか、接続詞の後に読点を入れないとか」

「〝私は〟の後に点を入れたり、〝すると〟の後に点を入れないとかですか？」

「そうなの。口調と同じで、歯切れの善し悪しが出てしまうのよね」

「モンタージュ写真で言えば、ホクロの位置みたいなものですね。この差出人の文章は、ホクロが少ないですね！」

穂積は分析の妙を感じ始めたのか、少し興奮気味な口調になった。

「面白い比喩ね。その通りだわ。さて、そろそろ動機という視点から分析してみようか」

「動機ですか」と聞き返した穂積は、一転して戸惑いの表情を見せた。言葉の意味をよく理解できなかったようだ。そこで沙希は、丁寧に説明することにした。

「この怪文書によって、誰が得をして誰が損をするかを、分析するのよ」

「それは……」と穂積は小声で呟きながら、再び怪文書に目を通し始めた。

そして、読み終えると、首をかしげながら言った。

「うーん、損をするのは三田部長ですね？」

「そうね。その視点から見ると、三田部長に恨みを持つ人か、三田部長をライバル視している人が差出人ということになるでしょ。でもね、私は違うと思うの。この上から目線は、ライバルのものではないし、地位の高い人が下の人に恨みを抱く可能性は低いと思うの」

「地位の高い人であれば、怪文書なんて手段を使わなくても、報復はできますからね」

「そうよ。そうなると、逆に得をする人は誰か、という視点で分析してみる必要があるわよね」

「得をするのは……、誰だろう？　総務部長の座を狙う部下、あるいは接待やマージンを求められて困っている業者……？　いや、違いますね。文章の目線から、社内で総務部長よりも地位の高い人物、と分析しましたから」

「そうね。何らかの目的で、取締役として自ら総務部長に返り咲きたい人。あるいは、傀儡《かいらい》の総務部長を下に置いて総務部を支配したい人。その辺りだと思うわ」

「差出人は、やけに総務の仕事に詳しいですよね。不動産購入やエレベーターの保守委託先の変更にまつわるマージンとか。印刷を請け負っているのが中部印刷だとか。だから前者つまり返り咲きを狙っている人物、と見るのが自然じゃないですかね？」

「そうね。元総務部長なら、中部印刷が接待に使う店の名前も知っているわね」

「なるほど！　全て辻褄が合いますね」

穂積はそう呟きながら、喜々とした目を向けてきた。

微笑みながらも、敢えて沙希は厳しい口調で言った。

「感心なんかしていないで、分析のノウハウを覚えておいてね。次からは、あなた一人で分析してもらうから」

穂積が「えっ！　一人で……ですか？」と驚きの声を上げると、沙希は無言のまま部屋を後にした。言外に「そろそろ乳離れしなさい」と伝えたかったのだ。


怪文書の分析を終えた沙希は、さっそく女川に電話をして概要を伝えることにした。

「女川室長、差出人については概ね見当がつきました」

「えっ、もう分かったんですか？」

「失礼を承知で申し上げますが、おそらく御社の現役の取締役クラスの方だと思います。しかも、総務部長の経験者である可能性が高いと思います」

「そ、総務部長……ですか。現役の取締役の中では、確か……大森専務と浦口支社長ですね」

「ああ、そうですか。専務という高いお立場の方ではないと思います。支社長のほうが可能性が高いですね。浦口さんという方は、どちらの支社長ですか？」

「九州支社です。昨年の春からですが」

「不勉強で恐縮ですが、御社に支社はいくつあるんですか？」

女川は沙希の質問に、「ええっと」と戸惑った後、「国内は五つですが……」と答えた。

「支社長の方々は、皆さん取締役ですか？」

「いえ、東京と大阪、それと九州です」

「九州支社は、大きな支社なんですか？」

「いえ、東京や大阪と比べると、そうですね……、人員は五分の一以下です」

「それでも、取締役のポジションなんですか？」

沙希に問われた女川は、ようやく質問の意図が理解できたかのように、「ああ、そういう意味で……」と呟きながら続けた。

「実は、これまでは部長クラスのポジションでした。東南アジアへの輸出の拠点として、九州支社を強化していくという方針が打ち出されたんです。それで、総務部長だった浦口が、取締役に昇進すると同時に異動になったんです」

沙希には、ピンとくるものがあった。不本意な異動だったかも知れない。それを裏付けるかのように、女川はおもむろに語り続けた。

「建て前としては九州支社の強化ですが、本音の話をしますと、昇進のための苦肉の策として、異動をセットにしたんです」

「と、言いますと？」

「私も陪席しておりましたが、浦口の昇進には、取締役会でも賛否両論がありました。総務部長のまま取締役にするのは、いかがなものかという意見が出されたんです。浦口には業者との癒着の噂や、公私混同の指摘が少なからずあったからです」

「とても興味深いお話ですね。そうなりますと、まるで怪文書は浦口取締役のことが書いてあるようなものですね」

沙希が冗談めかすように言ってみると、女川も呼応するかのように言った。

「その通りです。三田部長も本音として、これは私ではなく前任の浦口のことではないか、と漏らしていました。だから、私には……浦口が差出人とは思えませんが」

「三田部長と浦口取締役の人間関係は、あまり良くない状態ですか？」

「いいえ。決して悪くはないと思います。というより、ほとんど接点が無かったと思います。浦口はスタッフ部門で、三田は営業部門を歩いてきた人ですから」

「うーん、恨みではないとすると、他の何かがあるんでしょうね」

沙希に言われて、女川は一瞬の間を置いた。

「……やはり、差出人は浦口なんでしょうか？」

「そうですね。怪文書の特徴は、浦口取締役が差出人であると示しています。ただし、文章の特徴は

ＤＮＡのような絶対的な証拠ではありません。決め付けることは禁物です。更に検証を続けましょう」

「何か……私が、お役に立てることがありますでしょうか？」

「女川室長、一つお願いがあります。浦口取締役が作成した文章を、いくつか探して頂けないでしょうか？　それと怪文書を見比べて頂きたいんです。社外秘のものが多いかとは思いますが、似ているものが見つかったら送って下さい。分析してみますので」

「承知しました。見つかり次第ご連絡致します」

女川の吹っ切れたような返事に、沙希はホッとした。社内の、まして上席にある人物の調査を、女川に依頼するのは酷であり、困難かと思っていたからだ。


それから一週間も経たないうちに、また女川から沙希の席に電話が入った。

「橘先生、浦口の文章を幾つか見つけました。私のような素人が見ても、明らかに怪文書と似ています」

「どんな点がですか？」

「文字がビッシリと詰め込んであるとか、硬い口調というか難しい言葉が並んでいる点ですね」

「そうですか。文面全体が黒っぽいということですか？」

「ああ、そうです。その通りです」

「他にも、何かありますか？」

「これは偶然かも知れませんが、〝鑑みて〟という言葉が随所で使われています。浦口は取締役会での発言でも時おり使います」

女川の言葉を聞いて、沙希は確信を得た。

「分かりました。それでは、その文章を、コピーで結構ですので、送って頂けますか？」

「承知しました。しかし、コピーをしたら、指紋が消えてしまいませんか？」

「ええ、そうなんですが、浦口取締役の指紋を取るとするなら、別の物からにしたいと思っています」

「別の物と言いますと……？」

「浦口取締役の机とか、使った湯飲みです。しかし、今のところ指紋は取らずに、他の方法を考えています。指紋まで取ったことが知れ渡ると、御社の社内の雰囲気が悪くなる恐れがありますので」

「おっしゃる通りですね。お心遣い、ありがとうございます。しかし、他の方法って……、お聞きしてよろしいですか？」

女川は遠慮深そうな口調で聞いてきた。

「それは、浦口取締役が差出人であると、ご本人に自ら語って頂く、いわゆる失言を引き出す手法です」

「そんな手法があるんですか？」

「警察では時おり事情聴取で使います。秘密の暴露、すなわち、本人しか知らないことを語らせる手法です。炙《あぶ》り出しの術と私は呼んでいます。その時が来たら、女川室長にもご協力を願いたいと思っています」

「分かりました。もっとお聞きしたいところですが、楽しみにしております」

長話を避けたかった沙希も、それ以上は語らずに話を切り換えた。

「ところで、一度、総務の三田部長とお会いしたいのですが」

「分かりました。神奈川の橋本には、頻繁に行っているようですから、早い時期に御社へ伺うように伝えます」

「えっ、橋本ですか？　私の出身地のすぐ近くです」

「あっ、そうなんですか。リニアの開通に合わせて、橋本に拠点を開設する予定で」

「ああ、当初の計画よりも前倒しになって、既に甲府までは工事が完了しましたね」

「そうなんです。前倒しになって、地価も高騰したので、用地の確保が大変なようです」

「あっ、なるほど。土地の購入は総務の仕事ですね」

「そうなんです。五百坪ほどの土地を探していますが、十億円くらいかかります。安い物件を求めて、奔走しているようです」

十億円と聞いた沙希は、思わず「えっ！」と声を漏らした。沙希が暮らしていた昭和末期と比べると、一桁違っている。

「坪二百万円ほどするんですか？」

「リニアの駅から徒歩五分圏内ですと、それくらいするそうです。取締役会への報告によりますと」

「何か、臭いますね。あっ、すみません。つい……」

「臭う、と言いますと？」

「多額のお金が動く時、しかも値上がりする時に、利権というものが発生します。そこに強欲な人が群がって、不正の温床になります。今回の怪文書も、その辺りが背景にあるような気がします」

「そ、そんなものなんですか。私には分かりませんが、三田部長なら何か知っているかも知れません。直接お電話を差し上げて、早急にお伺いするように伝えます。宜しいでしょうか？」

「結構です。宜しくお願いします」


それから十日ほどした一月の下旬、沙希はＤＣＢ社の会議室で三田部長と向き合っていた。三田は緊張しながらも、社交的な笑顔を向けてきた。営業時代の名残かと思われたが、沙希は安心した。神経質で防衛的な人物からは、情報を取りにくいからだ。

「三田部長、本日はご多忙な中、お越し頂いて恐縮しております」

「いえいえ、ちょうど橋本に来る予定がありましたので。それよりも、私にまつわる手紙で、怪文書と呼ぶそうですが、お手数をおかけ致します」

三田は太った身体を、窮屈そうに折り曲げて頭を下げた。

「何をおっしゃいますか。中身が事実無根であることは、女川室長も私も承知しております。三田部長は、言わば被害者です」

「そう言って頂けると救われます。私は営業が長かったので、接待するほうは得意ですが、されることは苦手です。だから、接待を要求するとか、場所を指定するなど、有り得ないことなんです！　そんな相手を軽蔑してきましたから」

三田は我が意を得たりと、胸中の無念を沙希にぶつけてきた。つり上がった太い眉毛と、一文字に食いしばった分厚い唇が、胸中を物語っていた。

「橋本にいらっしゃるのは、拠点を設けるための土地探しと聞きましたが？」

「そうなんです。名古屋の本社から橋本は、ドア・ツー・ドアでも一時間足らずです。しかも、首都直下地震に備えて、東京支社のバックアップオフィスにもなります。東海地震が来た場合には、本社のバックアップオフィスにもなります」

一気に語る三田を見ながら、沙希は自然に笑みがこぼれてしまうのを感じた。口数の多いこの人物からなら、多くの情報が得られるだろう。

「三田部長、御社は土地の取得を、いつ頃から始めたんですか？」

「私は昨年の四月に異動してからですが、前任の浦口取締役は三〜四年前からと聞いております。地元神奈川県の不動産業者や建設会社に、土地探しを依頼するという方法で」

「具体的な物件の持ち込みは、あったんですか？」

「相模原建設という会社から、西橋本の物件の持ち込みはあったんですが、ペンディングにしてあります。容積率と建蔽率《けんぺい》が低いので、延床面積が少し足りないからです」

「要するに、大きなビルが建てられない、ということでしょうか」

「その通りです。にもかかわらず、相模原建設は執拗に買ってくれと言ってきます。おそらく、土地とセットでビルの建設を請け負いたいからだと思いますが。揚げ句の果てには、バックマージンを払うからとまで囁いて。そんなものを受け取ったら、それこそ怪文書に書いてある通りになってしまいます。当然ながら、バックマージンは断りました」

三田は誇らしげに、肉付きの良い胸を張って見せた。

「相模原建設から、浦口取締役の名前は出てきましたか？」

「ああ、そう言えば、何やら約束したとか。しきりに、浦口さんから何か聞いてないか、と言ってましたね。しかし、私が覚書か何かあるのか、と聞くと口を閉ざすんです」

三田の話を聞いて、沙希は話を整理することにした。

「三田部長、怪文書では部長が接待やマージンを要求した、と書いてありました。しかし、部長は要求していない。誰かが部長と入れ替わって、接待やマージンを要求したいなら、それを書きませんね。ならば、接待やマージンは、これから要求するのではなく、既に受け取ってしまった可能性が高いと思います。浦口取締役が受け取っていた、と推測できますか？」

「それは無いと思います。接待はともかくとして、マージンは取引が成立してから払われるものですから。しかも、相模原は私にマージンを払うと言ってきました。既に払っているとすれば、二重に払うことになりますので、無いと思います」

「浦口取締役から三田部長に、相模原建設や土地の件で何か話はありましたか？」

「そう言えば……昨年の暮に、橋本の土地の件で何か困ったら相談に乗るよ、という電話を貰いましたね。相模原建設から再三のアプローチがあった直後くらいに」

「うーん、何か怪しいですね」

沙希は暫く無言で考え込んだ。

そして「一つ、お願いがあります」と、切り出した。

「相模原建設から提示された土地の、謄本を詳しく見ておいて頂けないでしょうか？　登記情報提供サービスというサイトで閲覧できますので」

「おやすいご用です。と言うか、相模原が持ってきた資料にも入っていたと思います。本社に帰ったら、すぐに見ておきます」

「宜しくお願いします」

話が終わると、三田は巨体を揺すりながら、軽快な足取りで帰って行った。


三田との打ち合わせを終えると、沙希は報告を兼ねて女川に電話をした。

「先ほど、三田部長からのヒアリングを終えました」

「いかがでしたか？」

「少し見えてきました。地元の相模原建設という会社が、御社に橋本の土地を持ち込んだものの、三田部長がペンディングにしています。ペンディングにした直後に、浦口取締役が三田部長に電話を入れています。橋本の土地の件で、困ったら相談に乗るよと」

「なるほど……ですね。それで、三田部長が邪魔になった、ということでしょうか？」

「そうだと思いますが、まだ最終的な目的が見えてきません。相模原建設は三田部長に、バックマージンの提供をほのめかしています。怪文書には、既に受け取ったかのように書いてありましたが。浦口取締役がバックマージンを狙っているとしたら、怪文書に書かないと思います。自分が受け取りにくくなりますから」

「では、単に総務に戻りたいとか、名古屋に戻りたいとか、その辺りなんでしょうか？」

「いえ、その程度の動機で、怪文書まではやらないと思います。それに、相模原建設は、何か浦口取締役と口約束があった、というようなことを臭わせてきたそうです。だから、やはり橋本の土地取引に関わりたい、というのが浦口取締役の動機だと思います」

「うーん、私のような素人には、さっぱり分かりません」

混迷した女川の心境を察した沙希は、話を変えることにした。

「ところで、怪文書の件ですが、差出人を特定するためにお願いしたいことがあります」

「あっ、差出人を炙り出す術と言っておられた件ですね。そう言えば、あれから他の取締役にも、同じ物が続々と届きました。事前にお願いしておきましたので、全員未開封のまま渡してくれました」

「助かります。それでは、あのA４の怪文書を、B５サイズに打ち直して下さい。そうすると、一枚だった怪文書が二枚になります。それを、取締役会で開示して頂きたいのです。ただし、一枚目だけですが」

「えっ、一枚目だけですか？」

「そうです。開封しなかった取締役は、Ｂ５サイズに変わっていることに気付きません。二枚目が足りないことにも、すぐには気付かないはずです。全部読み終えてから、初めて文章が途中で切れていることに気付くわけですから。差出人は内容を全部知っているから、見た瞬間から戸惑うはずです」

女川は「はぁー」と感嘆の声を上げ、低い声で「なるほど……ですね」と続けた。

「書類の不備を取締役の皆さんから叱られるかも知れません。嫌な役目でしょうが、何とか宜しくお願いします」

「分かりました。会社のためですから、やってみます」

女川はキッパリと言い切った。

沙希は女川が腹を括ったと確信して、受話器を置くことにした。


月が変わった二月上旬の火曜日。女川から沙希の席に、待ちわびていた電話が入った。「橘先生！おっしゃる通りの展開になりました。昨日の取締役会で怪文書を配付したところ、浦口だけが戸惑った様子で裏返したりしてました。そして直後に、〝これ一枚足りないんじゃないの〟って、事務局の私に聞いてきました」

女川は興奮した様子で、口早に報告の言葉を並べた。

沙希は女川の興奮を静めようと、意図的にゆっくりと話した。

「一枚とおっしゃったんですね。一枚と」

「ええ、そうです」

「何で一枚と分かるんですかねぇ？　足りないのは二枚かも知れませんよね」

「そ、そう言えば……そうですね。浦口も開封せずに渡してくれましたから」

「やはり、差出人は浦口取締役ですね。差出人しか知らない秘密の暴露、のようなものですから」

「語るに落ちた、というわけですね」

「そうですね。しかし、問題は動機です。そこを解明しないと、悪事が見えてきません。怪文書の送付だけなら、微罪でしかありませんので」

「なるほど……そうですね。先生、この案件の落とし所は、どんなふうにお考えですか？」

「悪事の内容しだいですが、会社に損害を与えていたら、刑事事件にもできますね」

沙希の言葉に、女川は「刑事事件ですか……」と、ポツリと呟いた。

それを聞いた沙希は、ふと我に返った。怪文書の分析から悪事の追及へと、走り始めている自分の心境に気付いたからだ。そして、それが必ずしもクライアントの望むゴールではないことにも。

それを裏付けるかのように、女川が改まった口調で語り始めた。

「橘先生。浦口は、若林会長の片腕のような存在です。名古屋大学の後輩で、会長が人事課長の時に気に入って採用したとも聞いています。ですから、会長は浦口が犯罪人になって、会社を去ることは望んでいないと思います」

沙希は言外の意味を悟った。

「分かりました。ここから先は、御社のご判断にお任せ致します。しかし、巧妙に不正を行う幹部は、言わばウイルスのような存在です。心身が疲労して免疫力が低下すると、動き始めて悪さをします。御社の免疫力すなわち内部統制力が低下しているのかも知れません」

自分でも驚くほど、沙希は強い口調で言った。

驚いた女川は、慌てて取り繕おうとした。

「あっ、先生。失礼しました。私は……何も、先生にご意見するつもりはありません。ただ、会長のお気持ちだけは、お伝えしておきたいと思いまして」

「それは理解しました。後は御社にお任せします。私がそう言っていたことを、会長にお伝え下さい」

「承知致しました」

気まずい雰囲気を残したまま、沙希は会話を終えてしまった。

滅多に起こることのない、クライアントとの齟齬《そご》だった。


それから一週間ほどして、三田部長から沙希の席に電話が入った。その声は気のせいか、幾ぶんトーンが高いように感じられた。

「橋先生！　橋本の土地の件、謄本を辿ってみました。あの土地は今から三年ほど前に、相模原建設が入手していました」

「浦口取締役が総務部長の時ですか？」

「そうです。その通りです」

「その段階で、既に橋本に拠点を作る計画はあったんですか？」

「正式な決定では無く、内々で総務部が土地をリサーチしていた頃だと思います」

三田の声色からは、鬼の首を取ったような自信が感じられた。自分を追い詰めようとした、浦口への恨みが根底にあるのかも知れない。

「相模原は、どこから購入したんですか？」

「地元の不動産屋からです。しかし、その緑不動産も同じ月に入手していますから、買って間もなく相模原に転売したようです」

「何か、裏がありそうですね」

「緑不動産は個人の女性から購入しています。その女性の存在を隠すために、ダミーとして間に入ったんだと思います」

「その女性の名前、およびその女性が誰から購入したか分かりますか？」

「えぇっと、ニシカワジュンコという方で、同じ名字の人から所有権が移転されていますので、相続かと思います。三十年ほど前ですね」

「念のため、ニシカワジュンコさんの漢字と住所を教えて下さい」

三田に読み上げてもらって、沙希はメモを取った。

「この方の名前に、何か心当たりはありませんか？」

三田は暫く間を置いた後で、「そう言えば」と言って語り始めた。

「橋本近辺の大地主に、西川さんという一族がいます。土地を探して歩くと、地権者として頻繁に名前が出てきます。その一族の関係者かも知れません」

「分かりました。後はこちらで調べます。これ以上は、調べたりしないで下さい。噂が広がって、三田部長に迷惑がかかるといけませんので」

「私に迷惑ですか？　何故ですか？」

「まだ差出人が浦口取締役と確定したわけではありませんし、悪事が判明したわけでもありません。相手は取締役ですから、どんな報復をされるか分かりません」

「そ、そうですね。しかし、私は差出人を許せません。橘先生、今後の調査を宜しくお願い致します」

三田は懇願するように言って、電話を切った。


受話器を置いた沙希の心は揺れていた。これ以上の介入を望まない女川室長と、更なる調査を切望する三田部長がいる。その上、沙希の正義感は全容解明を欲しており、沙希のコンサルタントとしての忠実義務意識は、中断を求めているからだ。

そこで、迷った揚げ句に、父・水野に電話をすることにした。

守秘義務があるために詳しい話はできず、一般論として聞いてみた。

「お父さん。お父さんならどうするか、教えて下さい。クライアントの内部で、金銭的な不正疑惑が発覚したとします。それを解明するか否かについて、社内の意見が割れているとしたら、どちらの意見に耳を傾けますか？」

「なんだ藪から棒に。そんなもの、不正の程度によるし、被疑者にもよるじゃないか」

「不正の中身は不明ですが、建設業者との癒着です。被疑者は取締役で、経営トップの片腕です」

「なるほど。私なら隠密に調べて、会社の損失額の程度に応じて、クライアントに報告するか否かを決めるな」

沙希はホッとした。そして、「隠密に調べるんですね」と念を押した。

「何らかの重い症状を把握しながら、検査をしない医者はいないだろう。患者の長い将来を考えたら、早期発見と早期治療が必要なんだから。コンサルタントというのも、医者と同じ役目だと思うがね」

「万が一、深刻な病気が見つかったら、どうしますか？」

「インフォームド・コンセントに尽きる。複数の治療法を提示して、それぞれのリスクも伝える。後は患者に選んでもらう。もちろん、お薦めの治療法は伝えるがね」

「分かりました。スッキリしました。ありがとうございました」

沙希は明るい気持ちで礼を言って電話を切った。

沙希は穂積を席に呼ぶと、西川順子の住所を書いたメモを渡した。

「この人の身元を洗ってくれる？」

「調査の重点は、評判とかですか？　それとも犯罪歴ですか？」

「今回は深く掘り起こす調査はせずに、表面的な情報を取って欲しいの。主に経歴や親族なんかを」

「了解です。僕が西川順子さんの履歴書を書けばいいんですね」

穂積の的確な回答に、沙希は笑顔で応えた。


翌日の夕刻、コートの襟を立てた穂積が帰ってきた。その手には、丸めた一枚の履歴書が握られていた。寒い中を歩き回って、聞き込みをしてきたのだろう。

「汚い字で恐縮ですが、電車の中で急いで書いてきました。こんな程度で宜しいですか？」

沙希は、じっくりと渡された履歴書に目を通した。

そして、ある一点に目を留めた。

——そういうことか……。

「穂積くん、十分だわ。ありがとう。私が今から電話するから、隣で聞いていてね。詳しくは後で説明するから」

そう言うが早いか、沙希は席の電話をプッシュし始めた。

「女川室長ですか？　ＤＣＢの橘です」

「あっ、先生。先日は口幅ったいことを申し上げて、本当に申し訳ありませんでした」

「いえいえ。私が室長のお立場なら、同じ事を言うと思います。あれから動きは止めておりますが、既に動かしていた先から情報が入りました」

「怖いですね。どんな情報ですか？」

「昨年の暮に相模原建設という会社が、御社に橋本の土地を持ち込んでいます。それを三田部長がペンディングにしています」

「それは三田部長からも聞いています。怪文書にあったバックマージンの話、あれを否定する根拠として」

「その土地は、西川順子さんという方が所有していたもので、緑不動産という地元の不動産会社を経由して、相模原建設が入手したものです。緑不動産は同じ月に買って売っていますから、完全なダミーですね」

「西川順子さんの名前を隠すためですか？」

「そのようです。謄本を見れば分かってしまう話ですが。しかし、建て前として相模原建設は、西川順子さんからは買っていないと主張できます」

女川は沙希の話を理解できないらしく、戸惑ったように「はぁ」とだけ呟いて口を閉ざした。

沙希は満を持した口調で告げた。

「その西川順子さんの妹が裕子さんで、現在は結婚して浦口裕子さんになっています」

女川は「えっ！」と叫ぶと、言葉を失ったかのように黙り込んだ。

沙希は女川をなだめるような口調で語った。

「まだ、不正があったと断定されたわけではありません。西川順子さんの土地を、緑不動産が幾らで買って、幾らで相模原建設に売ったか。それを相模原建設が、幾らで御社に売ろうとしたのか。また、浦口取締役が相模原建設との間で、売買の密約をしていたのか否か。そこは、お約束通り、調べてお りませんので」

「そ、そうですか。ご配慮、恐れ入ります」

「私の推測では、相模原建設が緑不動産を間に入れて、西川さんから当時の相場よりも高く買い取った。それと同じか更に高い値段で将来会社が買うと、浦口取締役が相模原に約束した。買い取る頃にはリニア効果で橋本の土地は値上がりしているので、不自然な金額にはならないと予測して。すなわち、会社には何も損害を与えない、という構図を描いたんだと思います」

立板に水のごとく語る沙希に対し、女川は「会社には損害を与えていないということ……ですね」

とだけ、ポツリと言った。

「単なる私の推測ですが」

「先生の推測は当たりますから。怖いくらいに」

「以前、私は刑事事件にも、と言いましたが、その可能性は低いと思います。この事案は、法律よりも倫理に反する問題だと思います。あったとしても、せいぜい取締役の忠実義務違反ですから、後は御社でご判断下さい」

女川は「承知致しました」と、力なく答えた。

三月末の株主総会が終わった頃、女川から沙希の席に電話が入った。

女川は静かな口調で報告をし始めた。

「昨日、無事に株主総会が終わりました。浦口は本社の取締役のまま、関連会社の社長に就任しました。その後釜として、総務の三田部長が取締役に昇進して、九州支社長になりました」

「ちょっと待って下さい。浦口取締役は昇進ということですか？」

「いえ、横滑りというか、むしろ降格です。規模の小さな子会社で、これまでは部長クラスが転出していたポストですから」

「全容は解明されたんですか？」

「浦口が、全てを若林会長に告白したようです。相模原に義理の姉の土地を相場の倍額で買い取らせ、そのお金で姉は近隣に二倍の広さの土地を買った。それを将来売却して、利益を山分けにする魂胆だったようです」

「私の推測を、女川室長が会長に報告なさったんですか？」

「いえ、私は何も。あの取締役会での〝一枚足りないんじゃないの〟という発言に、会長も違和感を覚えて追及したようです」

女川の言葉に、沙希はホッと胸を撫で下ろした。社内ウイルスに対する、東海マテリアルの免疫力を確認できたからだ。しかし、一方で釈然としない気持ちも残った。若林会長から、いつものように相談が無かったからだ。

沙希は意を決して聞いてみることにした。

「今回は、会長からご相談がありませんでしたね」

「その点は私も気になっていました。会長に、橘先生に連絡を取りますか、とお聞きしましたが。迷っておりました」

「それは何故ですか？」

「申し上げにくいのですが、ＤＣＢ社が警察のＯＢの方々の会社だからです」

「と、言いますと？」

「犯罪を知ったら、どう動くんだろうか、と」

「えーっ！　会長は、そんな心配を？　私は刑事事件の可能性は低いと申し上げましたよね？」

「それでも会長は気にしておりました」

沙希は後頭部をハンマーで殴られたようなショックを受けた。

それを察したように、女川は慌てて取り繕おうとした。

「いえ、あの、橘先生を苦しめてしまうんじゃないか、と思われたのだと思います」

だが沙希は、若林会長の気持ちも理解できる、と内心では思った。自分自身が全容解明か否かで、迷った瞬間を思い出したからだ。

受話器を置くと、隣で聞いていた穂積が、心配そうに沙希の顔を覗き込んでいた。

沙希は経緯を全て穂積に話した後で、愚痴をこぼした。

「ＤＣＢは警察人脈あっての組織だけど、それが障壁になることもあるのねぇ。気付かなかった。クライアントの信頼を全面的に得て、何でも相談に乗れるためには、別な形をとる必要があるのかなぁ」

「それって、もしかして……独立するってことですか？」

「誰も、そんなこと言ってないでしょ」

「そうですけど、そんなふうに聞こえましたよ」

「私が独立したら、穂積くんがミスター・ダメコンになるのよ」

「いいえ。僕は沙希さんに、ついて行きます」

「えっ！　貴方も？　嬉しいけど、今のままじゃあ……足手まといだからなぁ」

「そんなぁ、冷たいことを言わないで下さいよ」

「じゃあ、独立までに、しっかり鍛えておきましょうか」

「ほどほどに、宜しくお願いします」

沙希は「甘いわね！」とだけ言って、席を立った。

穂積の熱い視線を背中に感じながら。

第七章　漏れた顧客のリスク

——昼間の新橋は、まるで厚化粧を落とした熟女のようだ。

木曜日の午後。穂積はゴミやチラシが散乱した風景を見渡しながら、ネオンの消えた新橋の歓楽街を歩いていた。生暖かい残暑の風が、時おり生ゴミの臭気を運んでくる。吐き気をもよおしながらも、我慢して前を見て歩き続けた。三十メートルほど先を行く、若い女性の姿を見失うまいと思いながら……。

烏森口の飲屋街を通り抜けると、突然その若い女性は古びたビルの中に消えて行った。

穂積が急いで近付くと、エレベーターの階数表示は一階のまま。どうやら、一階にある店に入ったようだ。店の入り口には『出会いカフェ・JD』と表示されている。この手の店に縁の無かった穂積は、暫くの間入店を躊躇したが、「仕事だ！」と自分に言い聞かせた。

穂積は伊達《だて》眼鏡をかけ、マスクで口元を隠して店に入った。すると入り口のカウンターに立っていた若い男が、「会員証をお願いします」と声をかけてきた。

「あ、あの……初めてなんですが……」と答えると、「では、入会の手続きをお願いします」と言って、住所・氏名を書く用紙を差し出してきた。

穂積は書類に、友人に似せた嘘の名前を書いた。住所も以前住んでいたアパートの番地を少し変えて記入した。入会金三千円を払うと、薄暗いマジックミラーの部屋に通された。

ミラーの向こう側には、胸に番号プレートを付けた若い女性が、四～五人並んで座っている。暇なのか、どの子もスマホを操作していた。その一番左側に、穂積が後を付けていた女性、三波梨菜の姿があった。

壁には、女の子の簡単なプロフィールと番号を記したカードが、何枚も掛けてあった。

よく見ると、コースとして『喫茶・食事・飲み・カラオケ・交遊』の五項目があり、女の子が希望するところに丸印が付けてある。梨菜と同じ番号のカードを取ってみると、全ての項目に丸印があった。

そのカードを受付の男に渡すと、チャットルームと書かれた小さな個室に通された。薄暗い室内に入ると、突然目の前のモニターが明るくなった。ものの一分もしないうちに、梨菜がその画面に現れた。そして、「志穂でーす」と、悪びれもせずに偽名を名乗った。


事務所に戻った穂積は、チャットルームに入ってからのことを、詳しく沙希に報告することにした。

「三波梨菜に間違いありません。口元のホクロの位置も一致していましたので」

「絶対に間違いないわね」

「大丈夫です。そもそも、マンションを出るところから追尾して行きましたから」

するとと沙希が表情を曇らせた。

「そう……。父親の悪い予感は的中したのね。で、どんな様子だったの？」

「実に、慣れた様子でした。昨日今日に始めた感じではありません」

「と、言うと？」

「単刀直入に金額を言ってきましたから。お茶なら一時間で小五枚、飲食やカラオケなら大一枚、交遊なら大二枚と」

「交遊って……、性行為のことね？」

露骨な表現に、穂積は戸惑いながらも頷いた。

すると沙希は、目の前で携帯を取り出して、電話をかけ始めた。

「もしもし。三波社長ですか？　残念ながら、社長の勘は当たっていました。不法なアルバイトを突き止めました」

かすかながら沙希の携帯から、「何のバイトですか？」と聞き返す声が漏れてきた。

「単刀直入に申し上げますと、売春をしている可能性も高いと思います」

今度は携帯越しに、「えー！」という叫び声が聞こえてきた。

「なるべく早めに……こちらへ来て下さい。お嬢さんに危機が迫ってると思って」

すると三波社長が何かを言い、沙希は「では、明日の午後五時にお待ちしております」とだけ答えた。

電話を切った沙希は、深い溜め息をつくと、こちらを向いてゆっくり語り始めた。

「もうそんなに経つのね、あの不倫報道から。当時高校生だった娘さんが、もう大学生かぁ……」

「辛かったでしょうね、父親の不倫報道は。でも、お金持ちのお嬢さんが、何故あんなバイトをするんですかね？」

「辛いことを忘れようとして、何らかの浪費に走ったのかしら。例えば、ホストクラブとか。あるいは悪い事をして父親を困らせるとか……」

「良妻賢母を絵に描いたような、あの陽子さんの娘さんが……ですか？」

「そう、意外よね。私も驚いたわ。お堅い家庭に育った子ほど、一度歯車が狂うとね……。このことを知ったら、陽子さんがどんなに傷付くか。それが一番心配なのよ」

「これは……家庭内の危機管理が中心の案件ですね」

「そうとも言えないわよ。出会いカフェって言ったわね。あの手の店の顧客リストの管理なんて、信用できないでしょう。仲間割れや倒産も多いから。以前、世界的なセレブたちの不倫サイト・アシュレイ何とか。そこの顧客情報が漏洩して、経営者や政治家たちを震え上がらせたわよね。破廉恥な秘密の情報は、恐喝などのアタックリストになりかねないから。会社が脅しの対象になる場合もあるのよ」

　沙希に言われて、穂積はドキッとした。スマホの番号だけは正直に書いてしまったからだ。受付の男に、「書いて頂いた番号に、この場でワンコールしますから、嘘は書かないで下さい」と言われたので仕方なく。

「どうかしたの？」

　沙希に聞かれて、穂積は咄嗟に話題を変えようと思った。

「あっ、あの、情報漏洩と言えば、うちのクライアントでも起きたかも知れません。漏洩モニターの

ＤＭが届きましたので」

「えっ！　どこの、どんな情報なの？」

「漏れたのはＩＯＴ社の、大人用の紙おむつの発送リストのようです。車椅子などの介護機器を扱う見知らぬ会社のＤＭが、僕の自宅に昨日届きました」

「それは危ないわね。漏洩が事実なら、老人相手の詐欺の、アタックリストにされかねないわ」

「そうですね。振り込め詐欺やリフォーム詐欺の犯人から見たら、喉から手が出るほど欲しいリストですね」

「それにしても、ＩＯＴ社が紙おむつとは、意外な商品を扱っているのね」

「ええ。老人の徘徊とか置き忘れを、ＧＰＳで探知する装置がメインですが、派生事業としてやっているようです」

「ところで、ＩＯＴ社には連絡してくれたの？」

「あっ、いえ、この打ち合わせが終わったら、すぐに連絡します」

　すると沙希が鋭い視線を向けてきた。

「なんか怪しいなぁ……。まだ連絡もしてないのに。無理にＩＯＴ社の話を持ち出したのね」

「い、いえいえ。情報の漏洩は重大なリスクですし、沙希さんもおっしゃったように、老人のリストは格別に危ないですから。ハイ」

　沙希は更に顔を近付けてきた。

「何を狼狽しているの？　ひょっとして、三波梨菜とチャットルームで、デートの約束でもしたんじゃないでしょうね！」

「め、めっそうもない。そんなこと、僕がするわけがないでしょう。そもそも、僕は若い女性よりも、年上の女性が好みなんですから」

「へー!?　ひょっとして熟女フェチ？」

「へっ、変なこと言わないで下さいよ。本当のことを言います。出会いカフェで、行きがかり上、本当のスマホの番号を書かざるを得なくて。それを聞かれたら困るなと……」

「なるほどね……。しかし、それは大変なことをしてくれたわね。貴方のスマホは、会社の所有だから、情報漏洩が起きたら社名が出てしまうわね。そんなことになったら、危機管理会社の危機、なんて見出しの記事を書かれるわよ！」

「えっ！　本当ですか？　僕も、何となく心配だったんですが……」

「冗談、冗談よ。買春してなければ大丈夫！　父母からの要請で、潜入調査のために入会したと言えば」

「ああ、びっくりした。悪い冗談はやめて下さいよ」

打ち合わせを終えた穂積は、さっそくＩＯＴ社に連絡を入れた。

ところが、顧客情報の漏洩モニターを担当していた社員は退職していて、別の若い男性が電話口に出てきた。

「総務の軽部と申します。田沼が八月末で退職しまして……」

「あっ、そうですか。ＤＣＢの穂積と申しますが、漏洩モニターのＤＭが届いた件で、取り急ぎご連絡致しました」

「何モニターですって？」

――これだから新興企業は困る。引継ぎができていない。

それでも穂積は、気を取り直して説明を試みることにした。

「漏洩です。顧客情報の漏洩を、早期にキャッチするモニターのことです」

「そんなこと、できる仕組みがあるんですか？」

「御社から委託されて、弊社の社員の住所・氏名を、ダミーの顧客としてリストに忍び込ませておいたんです。リストごとに一名ずつ。確か全部で十人くらいでしたが」

「ダミーですか？」

「そうです。今回の大人用の紙おむつの発送リストには、たまたまですが、私の住所・氏名を入れておいたんです。但し、私の名前は穂積孝一で、イチは漢数字の一ですが、市場の市に変えて」

「ああ！　間違った字のＤＭが届いたんですね。素晴らしい手法ですね」

「いえいえ、感心して頂くより、早急に対策を打つ必要があります」

「私は何をすれば宜しいんでしょうか？」

「取り急ぎ、弊社へお越し下さい」

「こちらに来て頂くわけにはいきませんか？」

「御社との契約は、弊社へ来て頂く内容になっています。お望みとあれば行きますが、その場合には出張料がかかります」

「おいくらですか？」

「契約書に書いてありますが、一回につき十万円です」

「そ、そんなにですか。それなら、そちらに伺います」

軽薄を絵に描いたような軽部の応対に、穂積は、やれやれと心の中で呟いた。この人物が窓口では、先が思いやられる。


その日の午後六時。上着も持たず、シワだらけの白いシャツ姿の軽部がやってきた。沙希と一緒に出迎えた穂積は、自分よりも若いし、雑なタイプだな、と内心思った。

いつもの殺風景な会議室に案内すると、一応は服装を気にしているらしく、言い訳から入ってきた。

「初めまして、軽部です。まだ当社はクールビズでして、こんな服装で申し訳ありません」ボサボサの頭を掻きながら、名刺を差し出してきた。

穂積の隣に立った沙希は、優しい表情で着席を促しながら語り始めた。

「顧客情報の漏洩は深刻な事案ですが、きちんとした対応をすれば大丈夫です。まずは、事実関係をお話し下さい」

「事実関係と申しますと？」

「大人用の紙おむつの発送リスト。そのデータを、どんな形で誰に渡したんですか？」

「ええと、当社には〝ヒルズメロー〟通称ヒルメロという、シルバー向けのショッピングサイトがあります。昼メロなんて死語ですが、シルバーの方々には好評なんです。当社がある六本木ヒルズから、〝メロー〟つまり円熟した商品を提供する、という意味でして」

「なるほど、いいネーミングですね。それで……？」

「そのサイトから、大人用の紙おむつをお申し込み頂いた方のリストをＵＳＢメモリに入れて、おむつのメーカーの方に直接手渡したと聞きました。メーカーから直送してもらうためです」

「その前に、その申し込みのデータは、どこに届くんですか？」

「レンタルサーバーだと思います」

「だ、だと思います……ですか？」

穂積は思わず強い口調で聞き返してしまった。

すると沙希がたしなめるような目を向けてきた。

「いいの、穂積くん。これから詳しく調べて頂くんだから」

助け船に救われた軽部は、「は、はい！　すぐに調べます！」と元気良く答えた。

沙希は軽部に視線を戻した。

「レンタルサーバーなら、セキュリティーは万全の筈ですね？」

「その筈ですが、すぐに調べます！」

「そのレンタルサーバーへのアクセス権限は、何人くらいに与えているんですか？」

「そ、それも、すぐに調べます！」

「ついでに、そのサーバーにアクセスしたログ、すなわち誰がデータにタッチしたかの記録も、取り寄せておいて下さい。もう一つ、そのアクセスした人のパソコンに、どんなセキュリティーが施してあったのかも聞いておいて下さい」

「はい！」

「それから……ＵＳＢメモリを、いつ誰が誰に渡したか、５Ｗ１Ｈを詳しく調べておいて下さい」

軽部は「分かりました！」と言いながら、必死にメモを取った。

そして顔を上げると、自信がありそうに言った。

「パソコンのセキュリティーは、大丈夫だと思います！　ファイヤーウォールが破られたという話は、一度も聞いておりませんので！」

沙希は頷きながら、優しそうな表情を軽部に向けた。

——まるで園児に向き合う保育士だ。

沙希は、ゆっくりとした口調で語り始めた。

「軽部さん。今から私が言うことを、会社の幹部の方にお伝え下さい。顧客情報の漏洩には七つのケースがあり、それぞれに四つのレベルがあります。すなわち、二十八種類の漏洩があるということです」

軽部は目を丸くして、「二十八種類もですか？」と聞き返した。

「そうです。第一に、情報の入った機器を紛失した。第二に、売名が目的のハッカーすなわちウイルスによってファイヤーウォールを突破された。第三に、データベースに侵入されて情報を閲覧された。第四に、データベースに侵入されて情報をコピーされた。第五に、コピーされた情報がネット上で公開された。第六に、コピーされた情報が名簿業者に売却された。第七に、コピーされた情報が善意の第三者に売却された。この七つのケースです」

軽部がメモを取り終えるのを待ってから、沙希は続けた。

「この七つのケースには、それぞれ四つのレベルがあります。一番深刻なのは、弱者のリストでセンシティブすなわちリスク情報あり。次が、弱者のリストでリスク情報無し。その次が、弱者でないリストでリスク情報あり。最後が、弱者でないリストでリスク情報も無し。この四つのレベルです」

「なるほど！　情報漏洩がもたらすリスクを、そのケースとレベルで分類して判断するんですね」

「その通りです。すると今回の漏洩も、その深刻さが見えてきますよね」

「あっ！　大人用の紙おむつですから、老人すなわち弱者のリストですね」

沙希は無言で頷いた。

「リスク情報の有無は……すぐに調べます。当社のものではないＤＭが届いたということは、既に情報が善意の第三者に売却された、ということですね」

「現段階では、その可能性が高いですね」

「と言うことは……もしリスク情報が含まれていたとすると、二十八種類の中でも最悪の情報漏洩ということですか？」

「そう思って、早く情報を集める。すなわち事実を知る事が大切です」

「分かりました！　甘く考えておりました。すぐに帰って調べます」

「そうして下さい。調べた結果は、穂積に知らせて下さい」

それだけ言うと、沙希は席を立った。

そのパンツスーツの後ろ姿を、軽部は憧れるような目差しで追っていた。

残された軽部は、ふぅーと大きく息を吐いてから呟いた。

「田沼が突然退社することになって、何の引継ぎもなく後任になったんです。だから、全く要領を得なくて申し訳ありません」

「なぜ突然退社されたんですか？」

「顧客とのトラブルを、上司から厳しく叱責されたと聞きました。いびられた、というかパワハラですね。最後はノイローゼのような状態だったそうです」

「そんなに酷かったんですか？」

「現在の私の上司の課長なんですが、大声で怒鳴るんです。その後でネチネチと小言も言います。〝お前は給料ドロボーだ〟が口癖なんです」

「顧客とのトラブルは、田沼さんのミスだったんですか？」

「いえいえ。相手は通販業界では名の知れたクレーマーだということですから」

「それじゃあ、田沼さんは無念だったでしょうね？」

「そう思います。だから引継ぎもしてくれなかったんだと思います」

軽部の話を聞いた穂積は、悪い予感がした。その辺りに情報漏洩の原因があるとしたら、かなりの情報が漏れている可能性がある。

軽部は帰り際に、しみじみとした口調で言い残した。

「穂積さん。情報漏洩は、顧客リストの漏洩ではなく、顧客リスクの漏洩だと思って対応するべきなんですね。勉強になりました」

「そうですね。顧客リストと考えると、どれも大差が無いように感じてしまいます。しかし、顧客リスクと考えると、違いが見えてきますよね」

穂積は答えながらも内心では、自分も勉強になったと思っていた。それと同時に、再発防止のためには、パワハラ課長の件をＩＯＴ社の上層部に進言する必要があるとも考えていた。

翌日の午後五時。三波社長がＤＣＢ社にやってきた。

穂積は不倫騒動以来会ってなかったが、以前よりも白髪が増えてやつれて見えた。

以前と同じ狭い会議室で向き合うと、おざなりの挨拶を済ませた三波は、憔悴しきった表情で語り始めた。

「娘の梨菜が東京の大学に入学して、一年半ほどになります。あの騒動以来、私とは口を利かなくなりましたが、最近では家内とも連絡を取らなくなってしまいました。金沢には帰ってきているようですが、実家には立ち寄りません」

沙希が心配そうな表情で聞いた。

「友達の家とかに泊まるんですか？」

「そうなんです。その友達のお母さんが家内に電話をくれて、梨菜ちゃんの様子が変だと言うんだそうです」

「どんなふうに変なんですか？」

「髪の毛が茶色になって、服装も派手で、ブランドのバッグなんかも持っていると」

梨菜の姿を思い出した穂積は、「その通りの印象でした」と横から口を挟んだ。

すると三波が視線を向けてきた。すがるような目だ。

「教えて下さい、ありのままに。どこで、どんなアルバイトをしていたんですか？」

穂積は躊躇したが、沙希が頷いたのを見て、洗いざらい語ることにした。

「新橋の場末にある、『出会いカフェ・ＪＤ』という場所で、お嬢さんと会いました。マジックミラーの向こう側に、女の子たちが胸に番号を付けて座っているのです。男が選んだ番号で指名すると、チャットルームと呼ばれる狭い個室でモニター越しに会話をすることになります」

「そ、そんなところに出入りしていたんですか？　まるで……見せ物じゃないですか！」

三波は声を押し殺したつもりのようだったが、大声になってしまっていた。

「そうですね。しかし、梨菜さんに悲愴感は無く、元気に語っていました。お茶なら一時間で小五枚、飲食やカラオケなら大一枚、交遊なら大二枚と」

「あ、こ、交遊って……、そんな……、何で……、そんなことまで……」

三波はガックリと肩を落としながら、まるで自問自答するかのように呟いた。

そこで沙希が、救いの手を差し伸べた。

「まだ、本当に売春までしていたかは分かりません。最悪のケースを予測して、覚悟はしておく必要はありますが……」

「私は、どうしたらいいんでしょうか？」

「今は何もありません。逆に何もしないで頂きたいと思っています。梨菜さんを問い詰めるとか、叱ってしまうとか。奥様にも、しばらくは話さないで下さい」

「では、このまま放置するんですか⁉」

「いいえ。穂積がお嬢さんとＳＮＳで繋がっていますので、会ってリスクを伝えるようにします。こんなことを続けていたら、どうなるかを教えて、きついお灸をすえてあげようと思います」

沙希の言葉に穂積は驚いた。事前に何も言われていなかったからだ。だが、何か秘策があるに違いないと信じて、「任せて下さい」と胸を張った。

三波は沙希と穂積の顔を交互に見つめ、哀願するかのように声を絞り出した。

「前回は私を危機から救って頂きました。今回の件は、私の不徳が招いたことだと思っています。どうか、どうか、娘を危機から救って下さい」

深々と頭を下げた三波は、肩を震わせながら、暫く身動きもしなかった。その哀れな父親の姿を見て、穂積は何としても救ってあげたいと思った。


翌週月曜日の午後一時。穂積のスマホに軽部から電話が入った。

「穂積さん、大変です。先週末に、社長宛てに脅迫の手紙が届いていました！」

「えっ！　どんな内容なんですか？」

「要約しますと、御社の顧客リストを入手した。一億円で買い取るか、情報漏洩の事実をマスコミに公表しろ。そんな内容です」

穂積は一瞬考えてから聞いた。

「はぁ？　さもなくば公表するぞ、じゃなくて、公表しろ、ですか？」

「そ、そうですが、何か変ですか？」

「ちょっと変ですね。御社が公表したら、一億円は取りにくくなってしまいますから」

「た、確かに……そうですね」

「それを読んだ社長は、どんな反応をされたんですか？」

「相当慌てて、今日の午前中に緊急の役員会を開きました」

「どんな対応が話し合われたんですか？」

「それが……私も陪席しましたが、意見が真っ二つに割れてしまったんです」

「一億円払うべきだと、公表すべきだ、の二つにですか？」

「その通りです。通販会社にとって、顧客情報の漏洩は致命傷になりかねない。だから、買い取ったほうが良いという意見と、また別の人間が買い取り要求をしてくるだけだという意見が出て。それで、御社に聞いてみろ、と社長に言われまして……」

穂積は思わず苦笑した。ありがちな議論の様子が、目に浮かんできたからだ。

「分かりました。すぐに橘に報告して、ご返事を致します。ところで、サーバーにアクセスしたログや、機器の紛失やウイルス感染は、調べて頂きました？」

「それが……。システムの担当者が、レンタルサーバーの会社に問い合わせしても、異常は何も無いと言われたそうです。おむつのメーカーの方も当社の担当者も、パソコンへの侵入やトラブルは何も無いと言っており、USBメモリの紛失も無いとのことでした」

「それは……変ですねぇ。どこから顧客情報が漏れたんでしょう？」

穂積の質問に、軽部は返事を躊躇している様子で、「あの……その……」と言い淀んだ。

「絶対に聞いた話は漏らしませんから」と言うと、重い口を開いた。

「田沼さんなら、リストを持っている可能性がありますが……」

「なるほど。可能性はありますね。無念な気持ちで退職されたようですし……。一億円の振込先は、手紙の中に書いてあったんですか？」

「ありました。何か美術品のお店のような名前で、アート何とかと書いてありました」

「へー、美術品の法人ですか。田沼さんが画商を始めた……なんて考えにくいですよね」

「でも、そう言えば、机の上にアンティークなペン立てや、眼鏡ケースが置いてありましたね。素敵だなと思ったので覚えています。美術品に関心の高い人だとは思いましたが」

「分かりました。その振込先をメールで送って下さい。調べてみますので」

「はい。この電話を切ったら、すぐにお送りします」

軽部の感度の良い反応に、穂積は少し驚いた。

――沙希さんの優しさと分かり易さ、そしてスピード感のなせる技だ。

電話を切った穂積は、沙希の帰りを待って、軽部との会話のあらましを報告した。

そして、一億円払うべきか公表すべきか、についての判断を聞いてみた。

すると沙希は「届いたＤＭを見せて」とだけ言った。

封筒と中身のチラシを手渡すと、まじまじと見つめていた。

目を上げた沙希の口から出たのは、意外な言葉だった。

「おそらく正解は、そのどちらでもないと思うわ」

「と、言いますと？」

「恐喝の手口としては、あまりにも稚拙だと思わない？」

「ええ、僕も思いました。本気で一億円を取りたいなら、公表しろとは言わないので」

「そうね。しかも、最初から振込先を知らせてくるなんて、逮捕して下さいと言っているに等しいでしょ。だから、狙いは別にあると思うの」

「先ほど調査部に、振込先の調査を依頼したら、明日には分かると言ってました」

「では、ＩＯＴ社には、明日の午後までに対処の仕方をお知らせする、と伝えておいてね」

穂積は「分かりました」と答えながらも、沙希の心中を読みあぐねていた。


火曜日の午前九時前。その日の天気予報は、午後からにわか雨の予報だったが、朝の時点では快晴だった。

始業時刻よりも一時間早く来るように沙希から言われた穂積は、何か秘密の打ち合わせがあるに違いないと思いながら出社した。すると、沙希は既に席で待っていた。

挨拶を交わすと、沙希は一番奥の会議室へと先導した。

「穂積くん。二つの案件が同時に進行してるけど、貴方のそれぞれの処方箋を聞かせてちょうだい」

穂積は思わず、「えっ？　僕の処方箋ですか？」と聞き返してしまった。いつもは、沙希のほうから処方箋を解説してくれるからだ。

「そうよ。まず、ＩＯＴ社の情報漏洩のほうから聞こうかしら」

「そ、そうですね。あの件は、まだ感知の知、つまり事実の掌握が不十分です。どこから、どんな形で漏れたのか、それを調べ切る必要があります。それからでないと……」

「本当に漏れたのかしら？　貴方の家に届いたのと同じＤＭは、他の顧客にも届いたのかしら？」

意表を突かれた穂積は、一瞬考え込んだ。そして、ハッと我に返った。

「それは……そうですね。それも調べてみないと……」

「おそらく誰にも届いてないと思うわ。貴方に見せてもらった介護機器のＤＭ、不自然だったから。差出人の名前が、プリンターで打ち出したシールだったでしょ。普通は自社の封筒を使うでしょう。社名や住所が印刷された」

穂積は己の洞察力の低さを恥じて、何も言葉が出てこなかった。

沙希が続けた。

「誰にも届いてないとしたら、この犯人の目的は、ＩＯＴ社に情報漏洩を発表させること。要するに、信用を低下させて、顧客が個人情報を預けにくくする。すなわち、サイトでの購入を阻害して、業績を悪化させるのが狙いじゃないかしら？　あるいは、社内の誰かに恥をかかせるとか、責任を取らせたいとか……」

「なるほど！　そう考えると、すべて辻褄が合いますね！」

「ＩＯＴ社に伝えてね。紙おむつの発送リストから十人ほど選んで、介護機器のご紹介に関心があるか否かを、電話かメールで聞いてみてくれと。ＤＭが届いていたら言う筈よ。既に届いているから要らないとか、突然ＤＭが来たけど、お宅からではなかったのかとか」

「分かりました。この後で、すぐに連絡しておきます」

「あの介護機器の会社には、貴方が電話してちょうだい。介護機器のチラシやＤＭがあったら送って欲しいと。きっと、ＤＭはしていないと言うから。送りたくても、効率良く届く老人のリストが手元に無いから」

　穂積は思わず「なるほど！」と叫んでしまった。沙希の事実確認の知恵と執念には、いつも感心させられる。

「感心なんかしてないで。三波社長のお嬢さんの件、あの処方箋も聞かせてちょうだい」

　またしても意表を突かれた穂積だったが、今度は冷静な反応ができた。

「あの件は、沙希さんにも秘策があると思いますが、僕も一芝居打つ策を考えてみました。僕が梨菜ちゃんを誘い出して、どこかのラブホテルの近くで待ち合わせる。そして、ホテルに入る直前に、うちの警備部のニセ刑事に声をかけてもらう。そして、任意同行を求めて、事情聴取してもらう、とか」

「正解！　九十点ね。私も全く同じ事を考えたわ。ただし、ニセ刑事は駄目よ。警察への偽計業務妨害になりかねないから」

「そ、そうですね！　では、他の手を考えてみます。補導員とかなら大丈夫ですかね？」

「まあ、ニセ刑事よりはましだけど……。それにしても、穂積くん。今回は、やけに熱心ね。自分の番号を登録してしまったからかな？」

「ち、違いますよ！　三波社長の姿を見て、何としても救ってあげたいと思ったからです」

沙希は穂積の顔を見つめてきた。そして、ニッコリと微笑んだ。その目は、「私も同じ気持ちよ」と言っているような気がした。

その時だった。机の上に置いてあった穂積のスマホが、うなるような振動音を響かせた。

画面には調査部の部員の名前が表示されている。それを見せると、沙希は軽く頷いた。

「もしもし、穂積です。もう分かったんですか？」

「簡単でした。実在するアンティークの雑貨ショップでしたから。実在と言っても、ネットでの販売しかやっていない、バーチャル店舗ですが」

「口座番号も本物ですか？」

「いえ、口座の番号は偽物でした。偽物と言っても、末尾の二つの数字を、ひっくり返しただけのものですがね」

「なるほど……。よく分かりました。迅速な対応、ありがとうございました」

電話を切った穂積は、沙希と向き合った。

「信憑性を高めるためなのか、名義は実在するアンティークショップのものでしたが、番号は少しだけ変えた偽物でした。本物の口座のように見えても、実際には振り込みはできない。それなら恐喝にはならない。足が付いても、元々受け取るつもりは無かったと言えますから。巧妙な手口ですね」

「誰が何のためにやってるのか？　穂積くんの腕の見せ所ね。ＩＯＴ社には、公表も振り込みもせず、穂積くんの裏工作の結果を待つように伝えてね」

「任せて下さい。アンティークと聞いて……ピンと来るものがありました。軽部さんの前任者が事情を知っていると思いますので、明日にでも接触してみます。漏洩モニターの件で、一度会ったことがありますので」

「宜しくね。それから、梨菜ちゃんのほうも急いでね」

「この後、すぐに連絡を取ります」


打ち合わせを終えた穂積は、さっそく梨菜にメッセージを送ることにした。

「先日新橋でお会いした木村です！　覚えてる？　近々お会いしませんか？」

「志穂でーす♡　連絡くれて嬉しいなっ♡　今日か明日の夕方なら空いてるよ♪♡」

「明日はダメだから、急だけど今日の夕方六時にしよっか？」

「〈やったー！〉　どこ行ったらいい？」

穂積は咄嗟にラブホテルのある場所を思い浮かべた。未成年の女の子が行きそうな場所と言えば……。

「渋谷の道玄坂わかる？　１０９の辺りとか」

「少し坂を上がったところがいいな♡　あの辺は人が多いしー」

「じゃあ、百軒店《ひゃっけんだな》通りの入り口どう？　赤い鳥居みたいな門がある」

「知ってる！　〈ＯＫＡＹ〉」

梨菜との待ち合わせが決まった穂積は、急いで警備部に向かった。

若手社員に事情を伝えると、補導員を装って職務質問をすることを、快く引き受けてくれた。但し、梨菜に任意同行を求めて、事情聴取まですることには難色を示した。そこで、穂積にだけ任意同行を求めることに決めた。

——それでも梨菜を震え上がらせるには十分だ。

穂積は計画のあらましを沙希に伝えて了承を得た。


午後五時過ぎ。穂積が渋谷に向かおうとすると、外は土砂降りの雨だった。人を欺く仕事なんて、ただでさえ気が進まない。穂積は気持ちが暗くなった。

地下鉄を乗り継いで渋谷駅に着くと、スクランブル交差点は人で溢れていた。誰もが傘を差しているため、交差するのが余計に難しくて、何度もぶつかりそうになった。

百軒店通りの赤い門の一部が見え始めると、その少し手前のビルの一階で、梨菜が雨宿りをしていた。傘を持っておらず、茶色の髪や薄手の洋服が少し濡れていた。

仕方なく穂積は傘を差し出したが、内心ではまずいな、と思っていた。傘に隠れて顔が見えなくなってしまう。補導員を装った警備部の社員が、自分たちを尾行できるか心配だ。

とりあえず喫茶店で話そうとしたが、どの店も雨宿りの客が多いためか、満席だ。

すると梨菜が耳元で囁いた。

「こんな雨だから……行っちゃいましょうか？」

そして、百軒店通りの奥にあるラブホテルを指差した。

穂積は驚くと同時に心配になった。展開が早すぎて、ニセの補導員が間に合わないかも知れないからだ。だが、穂積は意を決した。どのホテルにするか迷いながら歩いていれば、そのうち見つけてくれるだろうと思って。

しばらく相合傘で歩いていると、突然後ろから男が声をかけてきた。

「すみません。ちょっとお話を聞かせて下さい」

穂積は、ようやく見つけてくれたかと思いながら振り返った。

だが、立っていた二人組の男は、全く見知らぬ厳《いか》つい顔だった。

男たちは「渋谷警察の者です」と言いながら、警察手帳をかざして近付いてきた。

隣に立つ梨菜は、顔面蒼白の状態で怯えている。穂積も気が動転して、返す言葉が浮かんでこなかった。

「女性の方。あなたは未成年ですよね。こんな場所で、何をしているんですか？　前にもお見かけしたことがありますね。別の男性とご一緒でしたが」

無言で後退《あとずさ》りする梨菜を見て、穂積は覚悟を決めて答えた。

「私たちは恋人同士です。彼女は既に大学生ですから、健全育成条例には反しません。この辺りを散歩していただけで、ホテルにも入っていません。何か問題でもあると言うんですか？」

「問題があるか否かは、お話を伺ってから判断します。任意でご同行頂けますか？」

「私は構いませんが、彼女は勘弁してあげて下さい。警察署で事情聴取される姿を人に見られたら、どんな噂を立てられるか分かりませんから。それでもと言うなら、令状の提示を求めます」

「宜しいでしょう。では、あなただけ、あの車に乗って頂きます」

そう言って刑事は、道路脇に停めてあるシルバーのワンボックスカーを指差した。

穂積は「早く帰りなさい」と、梨菜を急かした。

梨菜は慌てた様子で坂を駆け下りて行った。

——えらいことになってしまった。沙希さんに何と説明したらいいんだ……。

穂積は周りを見渡して、ニセの補導員を探した。彼らに証言してもらえば、自分への嫌疑が晴れる。しかし、その姿はどこにも無かった。

シルバーのワンボックスカーは、窓ガラスに黒いフィルムが貼ってあり、中は見えなかった。刑事は窓ガラスにノックをしてから、ゆっくりとドアをスライドさせた。すると、奥の席で笑みを浮かべた沙希が座っていた。

「ご苦労さま！　貴方が来たってことは、大成功ということね」

「ど、どういう事ですか？　何ですか……これは。ドッキリカメラですか？」

すると、両サイドの刑事が声を上げて笑った。それを聞いて、穂積もようやく事態が呑み込めた。

見事に騙された不様な自分の姿に、穂積も声を上げて笑ってしまった。

「敵を欺くには、まず味方から、と言うでしょ」

「やり過ぎですよ。本当に！　心臓が口から飛び出すかと思いました」

すると横にいた刑事が口を挟んだ。

「いえいえ、堂々としていましたよ。健全育成条例とか令状とか言われて、こちらこそドギマギしました。何よりも、本当の恋人かと思うぐらい、彼女をかばっていましたから」

穂積は思わず赤面しながら沙希を見た。

「あっ、こちらは渋谷署の生活安全課の、鳥居さんと竹山さん。私が売春予防のためと言って、無理をお願いしたの」

「いや、我々も出会いカフェが、売春の温床になることを懸念しています。システムを知ることができて、こちらこそ感謝しています。署長にも報告しておきます」

「浜崎署長に、お礼がてら報告に伺います、とお伝え下さい」

――あの高速隊の隊長だった人が、今は渋谷署の署長なんだ。

シルバーのワンボックスカーが走り去ると、いつの間にか小降りに変わっていた。

穂積は空腹を覚えたので、それを沙希に伝えた。

「この近くにワインの美味しい、イタリアンのお店があるの。お詫びに奢るわ」

そう言って、沙希は無言のまま先だって歩き始めた。東急本店の前を横切り、細い道路を右折したかと思うと、イタリア国旗のある建物に近付いた。エレベーターで地下に下りると、淡いオレンジ色の塗り壁が目に飛び込み、濡れた身体が温まるような陽気な空間が広がっていた。食欲をそそるチーズとグリル料理の香りが溢れている。

ママらしき美人の女性が現れ、「ご予約の席です」と言って案内してくれた。そこは、木の壁とガラス窓で仕切られた個室だった。

「予約しておいてくれたんですか？」

「そうよ。時間が時間だから。今後の打ち合わせもあるし」

「今後って、ＩＯＴの件ですか？」

「それもあるけど、梨菜ちゃんの件も、フォローが必要だと思うの」

「どんなフォローをお考えですか？」

「それよりも、まずオーダーをしましょ。ここのブイヤベースは絶品よ」

「お任せします」

穂積が言うと、沙希は慣れた様子で二人分のオーダーを済ませ、程なくして料理が運ばれてきた。

「梨菜ちゃんについて、穂積くんはどうするつもり？」

「先ほどのことを心配して、きっと連絡が来ますので、もう一度だけ会うつもりです。そこで、出会いカフェに潜む様々なリスクを、教えてあげたいと思っています」

「様々なって？」

「例えば……あれがホテルから出た直後だったらとか。僕が病気を持っていたり、暴力団の関係者だったらとか」

「そうね。本当に危ないわよね。出会いカフェからの、顧客リストの漏洩リスクもね」

穂積は口に含んだワインを、危うく噴き出しそうになった。

「違うわよ。女の子の側のリストの漏洩のことよ」

「あっ、そうか！　そのリストもある筈ですね。カードにプロフィールが書いてありましたから。女の子は弱者だから、そのリストの漏洩は話題になりますね。男のほうのリストは弱者じゃないから、大丈夫でしょうが……」

「そう思いたいのは分かるけど、ちょっと甘いかな」

「いえいえ、比較すればという意味で言っただけですから。ハイ」

沙希はクスッと笑った後で、一転して真剣な表情を向けてきた。

「振られた男が、客の男とお店から出てくる元カノを撮影して、ネットで公開したりするとか。リベンジポルノよりも始末が悪いわね。売春を疑われるから」

「その辺りも話してみます」

「でも、穂積くんから一番伝えて欲しいのは、自分を大切にすることなの。たとえお茶だけでも、それは自分を安く売ることだから。十万円出すと言われても、断る子はたくさんいるから。しかも、梨菜ちゃんはお金に困っているわけではないんだから」

「なぜ、あんなバイトをするんでしょうか？」

「そこも是非、聞いて欲しいの。きっと何か理由がある筈だから。このブイヤベースも様々な具の味が絡み合って、この風味になっているのよね。きっと、現在の梨菜ちゃんも、様々な事情が絡み合った結果だと思うの。今の梨菜ちゃんは美味しい状態とは言えないけど、何かを足したり引いたりすれば変わると思うの。それが何かを知りたいのよ」

　穂積は沙希の真意がよく分かった気がした。単に危ないバイトをやめさせるだけでなく、根底の問題を解決したいのだと。それこそが本当の危機管理であることも。


　その翌日の水曜日の午後三時。穂積は梨菜と渋谷のセルリアンタワーで待ち合わせをした。その日の午前中に、梨菜から連絡があったからだ。

　ロビーで待ち合わせて、同じ階にあるビジネスサロンに入った。宿泊者専用の、時間貸しの個室だ。白い壁に囲まれた八畳ほどの会議室は、二人で話すには広過ぎたが、人の目は気にならなかった。

梨菜は部屋に入るなり聞いてきた。

「警察に、何を聞かれて、何を話したんですか？」

「志穂ちゃんのことを色々聞かれたけど、知らないから何も話さなかったよ」

梨菜はホッとした表情で、大きく息をついた。

それを見た穂積は、わざと厳しい表情を作って言った。

「危なかったね。ホテルから出てきたところだったら、二人ともアウトだったね。最近になって、警察は出会いカフェに的を絞っているらしいよ」

「えっ！　そうなの？」

「僕たちのことも、新橋の出会いカフェからマークしていたと、刑事が言っていたよ」

穂積は梨菜にお灸をすえるために、あえて嘘をついた。管轄が違うから尾行など有り得なかったが、嘘も方便だ。

すると梨菜は、「もう私……二度と行きません」と明言した。

だが、穂積は手を緩めなかった。昨夜、沙希と話した通りに、様々なリスクについて語った。その上で、自分を安売りしないように説得した。

梨菜は真剣に聞きながら、次第に深刻な表情になっていった。

そこで穂積は、ポツリと聞いた。

「なぜ、お金が必要だったの？」

「……お金は友達を引きつけるため。高校の時に父親の不倫が拡まっちゃって、仲良かった子がみんな離れていったの。そんな時に、今まで話したこと無かった子が友達グループに入れてくれてね。遊ぶ時、皆の分のお金を出してあげることも多かったけど、楽しかったんだ」

「そうなんだ……」

「でも、お金がだんだん足りなくなってきちゃって。その友達の紹介でＪＫカフェでバイトを始めたんだ。そしたら簡単にお金が稼げるバイトが癖になっちゃった。でも、本当は、お金だけが目的じゃないよ。そもそものきっかけは父親への復讐。お前が馬鹿だから、娘が堕落するんだって示してやりたかったの」

「父親は、気が付いたの？」

「気が付いたみたい。あいつから心配するメールが届いてたし」

「なら、もう十分じゃない？」

「……そうね。でも私から謝るのも違うし。てかオジサン、何でそんな説教みたいなことばっか言うの？　私を買おうとしておいて、何なの？　ほっといて！」

乱暴にハンドバッグを掴むと、梨菜は席を立って出て行った。

穂積はオジサンと言われたことにショックを受けつつ、溜め息をついた。

――おっしゃる通り……。

穂積は、家族の話にこれ以上口を出すのは業務を飛び越えたお節介だと認識していた。一方で、このままでは三波と梨菜の関係は修復しないとも思った。悩んだ揚げ句、三波に報告の電話をしがてら、梨菜に謝罪の手紙を書いてはどうかと伝えた。

穂積は午後五時から、田沼ともセルリアンタワーで待ち合わせをした。ＩＯＴ社の情報漏洩の公表について、アドバイスを欲しいと言って呼び出したのだ。

そして、梨菜と会った同じ部屋で向き合った。

田沼の風体は一変していた。更に薄くなった髪と、やせ細った頬が苦労を物語っていた。

アドバイス料を入れた封筒を渡すと、いきなり中身を数え始めた。

――相当お金に困っている様子だ。

穂積は悲しい気持ちで見つめた。

すると田沼が口を開いた。

「私が何かお役に立てるんですか？　どんなアドバイスが欲しいんですか？」

「実は、田沼さんにお願いしたい仕事があるんです」

「どんな仕事ですか？」

「以前、私と田沼さんで、大人用の紙おむつの発送リストに、漏洩モニターを仕込みましたよね。私の住所・氏名で。先週、私の所に介護機器のＤＭが届いたんです」

「名前の字が違ったＤＭですか？」

「その通りです。だから情報漏洩に間違いありません」

「だったら、すぐに情報開示したらいいじゃないですか」

田沼は憤った表情を向けてきた。その目は「なぜ早くしないんだ」と言わんばかりだ。

穂積は一呼吸置いてから答えた。

「まだ、本当に漏洩したかどうか分かりません」

すると田沼は怪訝な顔をした。

それを無視して、穂積は続けた。

「その、本当に漏洩したかどうかを、田沼さんに調べて欲しいんです」

「どうやって調べるんですか？」

「リストを渡しますから、何十人かに電話をして聞いて欲しいんです。介護機器のＤＭが届いているかどうかを。これまでに、多くのお客様応対をしてこられたので」

「し、しかし、何と名乗って電話をするんですか？」

「介護機器の会社のＤＭ配送担当とかでいいじゃないですか」

「う、うむ。ちょっと考えさせて下さい」

「ＩＯＴ社でも、既に何人かに問い合わせているようです。重なるかも知れませんが、何分にも人数が多いものですから」

田沼は腕組みをして熟慮したのち、観念したかのような表情を向けてきた。

「こういう話を持ちかけたら、私が慌てて別の顧客にもDMを送ると思ったんですか？　漏洩した証拠作りのために」

「……私に届いたDMは、偽物だと分かっています。介護機器の会社に問い合わせましたから。一億円の振込先の口座も、アンティークショップのものでした。一部番号は変えてありましたが。警察に頼めば、そのアンティークショップが、田沼さんと取引があるかどうかも分かるでしょう」

田沼は顔面蒼白となって、小刻みに震え始めた。

そして、アドバイス料を入れた封筒を置いたまま、部屋を飛び出して行った。


翌日の朝十時。穂積よりも早く沙希は出社していた。結果を早く聞きたいのだろう。

穂積は梨菜との会話も、田沼とのやりとりも、全て詳細に報告した。

聞き終わった沙希は、優しい笑顔を向けながら、しみじみと語った。

「今回は、ほとんど貴方が一人で解決したわね。私は少しだけお手伝いをしただけだったから。もう、私がいなくても大丈夫なくらいね」

「大丈夫じゃないですよ！　僕では渋谷警察は動かせませんから。それから、貴方って呼び方、なんか距離を感じて嫌ですね」

「貴方と呼ぶのは尊重の証。渋谷署なら、うちの社長でも動かせるわよ」

「うちの社長では、僕を動かせませんから！」

「そうなの？　業務命令なら動くでしょう」

「誰が出会いカフェなんか行くもんですか！」

「あらら。ネットで調べたら、熟女の出会いカフェもあるみたいよ」

「沙希さんが登録したら行きますよ」

「なに馬鹿なこと言ってんの！　私は、そんな安い女じゃないのよ！」

沙希さんは本気で怒っているようだ。


その後、三波社長から穂積にお礼の電話が入った。

『おかげさまで、梨菜が実家に帰ってくるようになりました。穂積さんのアドバイス通り、梨菜に手紙を書いたのが功を奏したようです』と。

ほぼ、同じ時期に、田沼からもお礼の手紙が届いた。

『元上司のパワハラ課長が左遷されたと聞いて、溜飲が下がりました。ご紹介頂いた就職先で、元気に頑張っています』という内容だった。

第八章　調書の短所と捜査の操作

その時刻のゴルフ場は、主を迎える多くの高級車が出番を待ち構えている。黒塗りの車に乗った穂積も穏やかな秋の夕日に包まれ、時計の動きすらも緩慢に思われた。穂積は、クラブハウスから出てくる人物を、駐車場から目を凝らして見つめていた。玄関から三十メートルほどの距離だったが、顔写真だけが頼りのため、見過ごす心配があったからだ。小型ながら、手に重いビデオカメラを持ったまま、既に二時間ほどが経過している。場所は中部地区では随一の名門・中日ゴルフ倶楽部。三度目の張り込みである。

支配人らしき人物に付き添われた一行が玄関に現れると、穂積は急いで録画ボタンを押した。そして、運転手に向かって「玄関の少し手前に付けて下さい」と早口で指示した。穂積のハイヤーが停車した直後に、別の黒塗りのハイヤーが追い越して、玄関に横付けされた。太った禿頭の男を囲んで、三人の中年男がペコペコと頭を下げている。禿頭の男も軽く会釈をしているが、どこか尊大なオーラを放っている。

——絶好のチャンスだ！

運転手の陰に隠れ、穂積は液晶を凝視しながらアップや引きの映像を撮影した。

三人の中年男性は、車が走り去って見えなくなるまで見送っている。穂積は、その様子もビデオに収めた。

撮影を終えた穂積は、スマホから沙希に電話をした。

「出の絵がバッチリ撮れました。尾張市民病院の院長と、おそらくメディマの営業幹部です。顔のアップも頂きましたので、動かぬ証拠になります」

「そう！　それは嬉しいわね。ありがとう。お疲れさま」

沙希の嬉しそうな声を聞いて、穂積も嬉しかった。まして、この映像でクライアントが救われるかと思うと、喜びもひとしおだった。


翌日の月曜日の午前。穂積は、名古屋駅に近いメディカルマーチャント社の本社前で、昨日と違うナンバーのハイヤーに乗って待っていた。昨日見た三人の中年男性の、顔の映像を狙うためだ。九時少し前に、三人の内の二人が現れた。穂積は入念に、顔のアップを撮り続けた。愛知女子医大病院の赤松院長に、メディマの営業幹部か否かを、確認してもらわなければならないからだ。


この隠し撮りは、その赤松院長からの一本の電話に端を発していた。沙希の携帯に、慌てた様子で電話をかけてきたのだ。それは、冬も終わりに近づいた、晴れた昼下がりの出来事だった。

「橘先生！　緊急のご相談です。困った事が起きてしまいました！　労働基準監督署から連絡が入って、検査をしたいと言ってきたんです」

「看護師の過重労働ですか？　内村良子さんの時に、おっしゃっていましたね。常態化していると」

「私もそう思いましたが、おそらく違うと思います。事務長が言うには、事務職員のみの人数と勤務場所を聞かれたそうですから」

「過重労働でなければ、おそらく無償残業ですね」

　すると赤松は「そう言えば……」と言いながら、受話器の向こうでガサゴソと音を立てた。何か書類でも探している様子だ。

「今手元に見当たりませんが、秋口に辞めた事務職員から、手紙が届いておりました。確か、年が明けて間もない頃でした。未払いの残業代を払ってくれという内容の」

「えっ！　それで、どうされたんですか？」

「労働基準法とか、三六《さぶろく》協定とか、法律用語が並んでいましたので、藤堂弁護士に相談するようにと、事務長に言っておきました」

　藤堂弁護士と聞いて、苦い記憶が蘇った。最後に「貴女とは、またどこかで衝突する時が来ると思うがね」と言われたことも思い出した。

「大丈夫なんですか？　あの方は、労務関係がご専門ではないと思いますが……」

「専門？　弁護士にも……そんなものがあるんですか？」

「ええ。お医者様のように、眼科とか産婦人科とは表記しませんが、やはり得意分野があります。商売上のトラブルが得意なら商事弁護士、暴力団の案件が得意なら民暴弁護士、労務上の係争が得意なら労働弁護士、と呼ばれています」

「えっ！　そんなふうになっているんですか？　それぞれの学会に所属しているんですか？」

「いえ、そうではないようです。お医者様と違って、明確な縦割りの学会はありませんし、そこに所属してないと開業できないわけではありません。資格があれば、どの分野の仕事でも請け負うことができます」

「えーっ！　それでは、目の病気を産婦人科医に診てもらうような、そんなミスマッチもあるということですか？」

「まあ、そこまでの差はないと思いますが、難しい案件の場合は、専門の弁護士にお願いしたほうがいいと思います」

「事務長は、難しい案件ではないようなことを言っていました。残業代の未払いはない。自由参加の社内研修とか、医師に言いつけられた個人的な雑用とかの時間だから大丈夫だと」

赤松の言葉を聞いて、沙希は不安になった。事務長の労務管理に対する感覚が、少し古いような気がしたからだ。そこで、沙希は厳しめの言葉を投げかけることにした。

「監督署の検査は厳しいです。パソコンなんかも、全て押収されると思って下さい。業務に支障が出ないように、データをコピーしておく必要もあります。それから……以前に是正勧告を受けていますので、書類送検されると思って下さい」

「しょ、書類送検ですか!?　書類送検されたら、新聞に書かれてしまいませんか？」

「監督署に告発した人がリークすれば、書かれると思います」

受話器を通して、赤松の「はぁー」という深い溜め息が聞こえた。

そこで沙希は、少しだけ赤松を元気付けることにした。

「しかし、必ずしも起訴されるわけではありません。起訴される確率は五割くらいですから。それから、藤堂弁護士の事務所にも、労務問題を得意とする弁護士が所属している可能性があります。女性で、人当たりのソフトな方なら、適任だと思いますが」

「分かりました。一応……聞いて、お願いしてみます」と、赤松は自信が無さそうに答えて、会話を終えた。

深く関与してあげたい。だが、また藤堂弁護士との軋轢《あつれき》を生みかねない。それは、愛知女子医大病院や赤松院長のためにもならない。

——ここは静観するしかないか……。

この緊急の電話から一か月ほど経った頃。沙希の携帯に、赤松院長から再び電話が入った。

「橘先生、ありがとうございました。先生のアドバイス通り、藤堂法律事務所の女性弁護士に依頼して、監督署の問題は解決しました」

「それは良かったですね。書類送検もされなかったんですか？」

「告発者との和解が成立したので、されませんでした。賃金の支払いに関する指導票の交付は受けましたが」

「ああ、なるほど。穏便に終了したんですね」

「穏便と言えるかどうか……。藤堂弁護士が裏で動いた、というか監督署に圧力をかけたようです。私に恩きせがましく、自慢していましたから」

「一応、良かったんじゃないですか？　解決したんですから。現場で動いた監督署の調査員に、不満や恨みを持たれていなければ、ですが……」

「えっ！　どういう意味ですか？」

「まれにですが、調査員が不満を持つと、調査の過程で得た情報が、外部に漏れることがあります。あってはならないことですが、警察でもありましたね。捜査員も人間ですから」

「も、漏れるって、どんな情報がですか？」

「監督署で言えば、畑違いの脱税とか贈収賄の情報ですね」

「はぁー、なるほど。どんなルートで伝わるんですか？」

「人脈を通じてですね、大半は。監督署と税務署、税務署と警察、警察と監督署、などは情報交換を行うことがあります。証拠集めや強制捜査の口実を得るために。だから、貸し借りから、内密で濃密な人間関係が生まれるんです」

「いやー、お役所に、そんな連携の機能があるとは、思いもしなかったですね」

「もちろん、公式な機能ではありませんので、表向きには否定しますが」

「分かりました。うちは私立病院ですから贈収賄はありませんし、黒字を出すのに四苦八苦ですから脱税もありません。大丈夫だと思います」

赤松院長は自らの希望的観測を語っているようだったが､沙希は敢えて返事をせずに会話を終えた。危機管理において、楽観的な予測は禁物だ。

そして、更に半年近くが経過し、会話の内容も忘れかけた九月の上旬。またしても赤松院長から沙希の携帯に電話が入った。ゴルフ場での盗撮の、一か月半ほど前のことだ。

「橘先生！　大変です。うちの内科部長の金満に、証券取引なんとかという所から連絡があって、こちらに来て欲しいと言われたそうです」

「おそらく証券取引等監視委員会、通称ＳＥＳＣですね。主にインサイダー取引や相場操縦などの捜査をしますが」

「そ、それです。製薬会社の株取引に関することだ、と言われたそうです」

「ご本人は、何とおっしゃっているんですか？」

「何の話か分からない。自分は買っていない、と言っています。病院の倫理規定で、製薬会社の株の売買は禁止していますので、当然なんですが……」

沙希は赤松の言葉の一部に、一瞬ながら違和感を覚えた。金満の「自分は」という部分だ。

「院長先生。金満さんを問い詰めて下さい。親族や友人が買っていないか。それから、買ったのは、どこの製薬会社の株なのか」

「親族ですか？　そんなことまで問題視されるんですか？」

「当然です。やましいと思えば、自分では買わずに、親族に買わせたりします。家族なら財布は一緒ですから。親族のことを重点的に聞いて下さい」

「なるほど……。あっ！　そう言えば、残業代の未払いを請求した元事務員。金満に言われて、証券会社へ奥さんの書類を運ばされた、と言っていたそうです。昼休みに証券会社への振り込みにも行かされたと。ひどいな、と思ったので私も覚えています」

沙希は「やはり監督署から情報が漏れてしまったか」と、内心忸怩《じくじ》たる思いで赤松の言葉を聞いていた。

——藤堂弁護士との軋轢を恐れずに、もっと関与しておくべきだったか。

そんな気持ちを察したかのように、赤松が聞いてきた。

「やっぱり、監督署から情報が漏れたんでしょうか？」

「可能性はありますが、今それを考えるよりも、今後の展開を予測することが大切です。金満さんについて、他に気になる点はありませんか？」

「院内では、メディカルマーチャントという、薬の卸問屋との癒着が囁かれています。彼が多額のお金を借りた、という噂も耳にしたことがあります」

「院長先生が以前おっしゃっていた通り、贈収賄は大丈夫だと思います。しかし、借りたお金でインサイダー取引をしたとなると、真っ黒という印象ですね」

「まっ、真っ黒ですか？」

「接待でも〝アゴ足付き〟すなわち飲食代に加えて、送迎の車まで提供すること。これは悪質とみなされます。同じように、情報の提供だけでなく、その購入資金まで提供したとなると、言わずもがなですから」

「言わずもがな……ですか？」

赤松は意味がよく分からない様子だった。

「お金を貸したということは、メディカルマーチャントが値上がりを確信していたことになります。借りた側の金満さんも。双方ともに、短期間に返済できると見込んでいるから、貸し借りができるんですから。インサイダー取引の状況証拠になります」

「ああ、なるほど！　橘先生、どうしたらいいんでしょうか？　是非、知恵を貸して下さい」

沙希は即座に「はい」と返事をしたかったが、藤堂弁護士の顔が思い浮かんだために、言葉をにごした。

「暫く時間を下さい。対策を考えてみます。この案件は刑事事件、すなわち藤堂弁護士の専門分野でもありますので、それも視野に入れて動く必要がありますから」

「そう言えば、そうですね。また面倒なことになるのも嫌ですし。本当は橘先生にお願いしたい。それが本心ですが……。既に藤堂弁護士に話が行っていますので、仕方ないですね」

赤松は力無い口調で、悔しそうに呟いた。

携帯をバッグに収めた沙希は、直後に穂積を呼んで会議室に籠った。

「穂積くん。愛知女子医大病院がピンチなの。ＳＥＳＣが内科部長のインサイダー取引を調べ始めたようなの」

「新薬の情報ですか？」

「まだ事実関係が掴めていないけど、メディカルマーチャントという薬の卸問屋から新薬の情報を貰って、お金まで借りて、親族名義で株を買った可能性があるの」

「なるほど！　病院に薬を供給する卸問屋なら、製薬会社から新薬の情報が事前に入りますね」

「そうなの。その上、あの藤堂弁護士が絡んでいるのよ」

「えっ！　あの、沙希さんにケンカ売ってきた弁護士ですか？」

穂積は不愉快そうに、しかめっ面をした。

「そうなの。だから、正面からではなく、側面から援護するしかないのよ」

「側面って？　ＳＥＳＣのターゲットを他にずらすってことですか？」

「鋭いわね」

「沙希さんの得意技じゃないですかぁ。マスコミ相手に、ほら、三波社長の不倫の時にも」

「そう言えば……そうね。私の得意技かな？　自分では気付いてなかったけど」

「しかし、ＳＥＳＣの目先を逸らすのは、簡単ではないでしょうね」

「その通りよ。でも、インサイダー情報というのは、必ずと言っていいほど拡がって行くものなの。

情報を渡す側は無料で相手に恩を売れるから、つい複数の人に伝えてしまう。貰った側も、自分が買った直後に周囲に伝える。そのほうが値上がりするから」

するとと穂積が膝をポンと叩いた。

「その問屋と癒着している他の医者を見つけて、動かぬ証拠をＳＥＳＣに送り付ける。そうすればＳＥＳＣが、医者本人や親族の株取引を調べますね」

「その医者がＳＥＳＣにとって、愛知女子医大病院の内科部長よりも、おいしいターゲットならば……ね」

「と、いうことは公務員の、大学病院や市立病院の医者がいいですね。賄賂性も見えてきますから」

「その通りよ。捜査機関というのは、より悪質な犯罪を追いかけ、より地位の高い人物を追い詰めようとするから。赤松院長に、その問屋と親しい医師を聞いておくわ」

すると穂積は腕組みをしながら、ゆっくりと視線を落とした。眉をひそめ、口をへの字に歪めて、考え込んでいる様子だ。沙希は敢えて何も言わず、穂積の視線が戻るのを待った。やがて穂積は、おもむろに口を開いた。

「しかし、癒着の動かぬ証拠を掴むには、いつ、誰が、誰と、どこで会うか、の情報が必要ですね。赤松院長もメディマから誘われるんですかね？　ゴルフとかに」

「院長の口からゴルフの話を聞いたことがあるわ。だから、誘われるでしょうね。内科部長よりも偉くて、薬の導入における最終決済者だから。特に高額な新薬なんかの導入には、院長の承諾が必要でしょうから」

「そうか……。沙希さん、赤松院長に聞いてもらえませんか？　最近、メディマからゴルフに誘われたかどうか？」

「うん？　いいけど……。ただ単に、誘われたかどうかを聞くの？」

「いえ、場所と日時も。秋の土日のゴルフ場は、予約を取るのが困難です。だから、まずゴルフ場に空いている日時を聞いて、複数の予約を入れてしまうんです。その後で、接待する相手に予約できた日時を提示して、選んでもらうというやり方をします。だから、提示された日時を聞いて頂きたいんです。おそらく、院長が断った候補日には、別の相手の接待を入れている筈ですから」

「詳しいわね、穂積さん」

「僕も前職の不動産の営業では、よくゴルフ接待をしていましたから」

「なるほど、分かったわ。すぐに聞いておくね」

「接待の日程を押さえる場合は、本人ではなく秘書を通して聞くケースが多いと思います。そのほうが丁寧な印象を与えますし、手っ取り早いですから。だから、赤松院長よりも秘書の方に、聞いて頂くほうがいいかも知れません」

沙希は穂積の言葉を聞いて、頼もしさを感じながら「了解」とだけ短く答えた。もう、部下ではなく、パートナーであるという気持ちを込めて。

翌日、沙希は中日ゴルフ倶楽部に、問い合わせの連絡を入れた。赤松院長の秘書から聞いた、四つの候補日の予約時間を確認するために。

「はい、中日ゴルフ倶楽部でございます」

「もしもし、私、メディカルマーチャントの総務部の田中と申します。社有車の手配を担当している者ですが、スタート時間の確認をさせて頂きたくてお電話致しました」

「あっ、はいどうぞ、おっしゃって下さい」

「まず、十月二十一日の土曜日ですが」

「ええっと……、九時六分のインコースでございます」

「ありがとうございます。十月二十八日の土曜日は」

「えー……、九時十四分のアウトコースでございます」

「翌日の二十九日の日曜日は」

「この日は……、九時四十六分のアウトコースでございます」

「最後に、十一月五日の日曜日は」

「はい……、八時四十二分のインコースでございます」

「ありがとうございました」

「ご確認のお電話、ありがとうございました。お待ちしております」

電話を終えた沙希は、隣で聞いていた穂積と向き合った。

「穂積くん、確認が取れたわ。それから、これがメディマと親しくしている、尾張市民病院の院長の写真よ。赤松院長に送ってもらったの」

沙希は封筒から一枚の写真を取り出して渡した。

「右側の丸い眼鏡に、口髭の方が赤松院長ですね」

「そうよ。だから左側の太った人物がターゲット」

「ありがたいですね。禿頭は遠くからでも見つけやすいですから」

「でも、どの日に現れるかは分からないから、大変だとは思うけど」

「大丈夫ですよ、沙希さん。任せて下さい。警察の張り込みなんて、何か月にも及ぶんでしょ。それと比べたら、たったの四日じゃないですか」

「それは……そうだけど、メディマの幹部の顔も撮らなきゃいけないし」

「メディマの幹部なんてチョロいもんですよ。決まった場所に、決まった時間に出社するんですから。それよりも、撮影したとして、メディマの幹部の顔を、赤松院長はご存じなんでしょうか？」

「それは大丈夫みたいよ。何度も挨拶に来たと言っていたから」

すると穂積が悪戯っぽい目を向けてきた。

「いよいよ、くノ一沙希さんの変わり身の術ですね」

「な、何よそれ」

「僕は三重県の伊賀の近くの出身ですから、忍者には詳しいんですよ。くノ一というのは女性の忍者で、変わり身の術というのはですね――」

「知ってる、知ってる。手裏剣が当たったと思ったら、人形だったなんて話でしょ。昔、時代劇で見たから」

「へーっ！　沙希さんが時代劇を見るなんて意外ですね。覆面に黒装束の沙希さん、案外似合うかも知れませんよ」

「馬鹿なこと言ってないで、名古屋のハイヤーや泊まるホテルの手配、忘れないでね」

「御意！」

おどけながら席を立つ穂積の後ろ姿を見ながら、沙希は本気で考えてみた。

そろそろコンサルの現場も一部任せてみようか、と。

それから約二か月後の十一月上旬。沙希は赤松院長に電話を入れた。

「もしもし、橘です。おはようございます」

「あっ、先生！　私もお電話しようと思っていたところです」

「どうされたんですか？」

「どうやら、ＳＥＳＣは全てお見通しのようです。金満が妻の名義で、万能製薬の株を買っていたことを、とても詳しく把握していました。何月何日に、いくらで買ったか、知っていました。それから、メディマから借金していたことも。特別調査課というのは、恐ろしいですね」

「万能製薬って、確か……少し前に、新聞やテレビで騒がれていましたね。それから、来たのは特別調査課ですか」

「そうなんです。ガン細胞の増殖を抑える分子標的薬で話題になりました。プレシジョンメディシンと呼ばれる、遺伝子検査を行って施す、最先端医療に用いられる薬です」

「ガンの特効薬ですね」

「その通りです。米国の製薬会社ですが、そこと資本提携しているのが万能製薬なんです」

「いつ、幾らで買って、幾らで売ったんですか？」

「春先に買って、マスコミ発表があった直後、お盆休みの前に売ったと言っていました。細かい数字までは聞いておりませんが、千円前後で買ったものを、二千円前後で売ったそうです」

　沙希は絶望的な気持ちになった。又聞きの情報でのインサイダーが摘発された事例は聞かないが、法律では禁止されている。インサイダー取引という旬な話題に加え、画期的なガンの特効薬が舞台となれば、マスコミが嗅ぎ付けるに違いない。しかも、短期間での売買で二倍近い値上がり。それを、急ごしらえの妻名義の口座で行ったとなると、怪しいの一語に尽きる。従って、普段ならば「この危機はレベル七です」と宣告しなければならない案件だからだ。

　だが、沙希は宣告せず、逆に努めて明るい口調で語った。心配性な性格から、赤松が時に過剰反応してしまうからだ。

「院長先生、ゴルフ場で良い映像が撮れましたよ。尾張市民病院の織田院長とメディマの幹部です。先週の……二十九日の日曜日に、中日ゴルフ倶楽部でした」

「それは、それは……嬉しいですが……。何と言ったらいいか……」

「お気持ち、お察ししますが、これは犯罪です。インサイダー取引なんて、していなければ織田院長はセーフです。その疑いがあることを、SESCに写真を送って知らせるだけですから」

「ま、まあ、そうですが……。知らない仲でもないですから」

「犯罪の通報は正しい行いです。殺人犯の手配写真に似た人物を見たら、警察に通報するのと同じだと思って下さい」

「そう言って頂くと、少しは気が楽になりますが。うちの金満もやっていますし……」

沙希は赤松院長の気持ちが痛いほど分かった。沙希自身も後ろめたさを感じていたのだ。しかし、危機管理には冷徹な判断や、大胆な行動が必要だ。沙希は自分に言い聞かせるかのように告げた。

「手術をせずに死を選ぶか、病んだ臓器や手足を切除するか。決断なさって下さい」

「わ、分かりました。金満はうちの看板であり、日本を代表する肝臓の名医でもあります。彼を失うことは病院の命取りであり、多くの患者の死を招く恐れがあります。メールで写真を送って下さい。メディマの幹事たちかどうか見極めますので」

沙希は送話口を押さえたまま穂積に指示を出した。

「すぐにお送りしますので、お願い致します」

赤松は「承知しました」と言った後、少し間を置いてから聞いてきた。

「橘先生。これから……どんな展開になるんでしょうか？」

「そろそろＳＥＳＣが、警察と合同で強制捜査に乗り出すでしょう。そこからは、警察の取り調べも始まります。今回は特別調査課が動いていますので、刑事告発が前提だと覚悟しておくべきです」

「えっ！　金満はＳＥＳＣに、一貫して否認してきましたが……。インサイダー情報など聞いてない。医者仲間の噂話を聞いて、それを家内に伝えただけだと」

「状況証拠が揃っていれば、否認は意味がありません。むしろ、身柄拘束をする口実を、警察に与えるだけです」

「ええっ！　金満は身柄拘束されてしまうんですか？」

「可能性はあります。特に、逃亡や証拠隠滅の恐れがあると判断されたら。しかし、警察が身柄拘束を躊躇する場合があります」

「ど、どんな場合ですか？」

「一つは、誰からも供述調書が取れそうもない。もう一つは、被疑者が警察の筋書きに沿わない供述をする可能性が高い。この二つのケースです」

赤松は即座には理解できないらしく、受話器の向こうで「筋書き……」「筋書きですか？」と繰り返し呟いた。

察した沙希は丁寧に説明することにした。

「例えば、ガンの特効薬の話ではなく、株式分割の情報を得たから妻に勧めた、と供述したとしましょう。すると、警察は困るわけです。複数の容疑者がいた場合、全員がガンの特効薬でのインサイダーでないと」

「な、何故、困るんですか？」

「株式分割もインサイダー取引にはなりますが、ガンの特効薬のインサイダー事件からは外れてしまうからです。同じ罪状の容疑者が多いほど、マスコミは大きな事件として報道します。摘発した事件が大きいほど、ＳＥＳＣや警察の手柄も大きくなりますので。しかも、株式分割の話が嘘なら、インサイダーにもなりませんし」

「そんなものなんですか……。分かりました、橘先生。万能製薬について、色々な情報を集めてみます。知人もいますので」

「宜しくお願いします」

電話を終えた沙希は、暫くの間考え込んだ。この案件の危機管理を成功させるためには、古巣である警察の捜査の的を逸らす必要がある。それは、警察の側から見れば、捜査の妨害に他ならない。沙希の所属するＤＣＢ社は、社長も含めて多くの社員が警察のＯＢだ。

何よりも、警察との良好な関係が崩れてしまったら、情報が取れなくなる。警察の協力を得て、犯罪者を撃退することもできなくなってしまう。だが、クライアントを危機から救えなければ、コンサル事業の信用は失墜してしまう。

——どうしたらいいのか……。

まるで、実父を取るか、養父を取るか、の選択のようだ。

「赤松院長からメールが来ましたよ。間違いないそうです——顔色が悪いですね。沙希さん、どうかされたんですか？」

穂積が心配そうに、顔を覗き込んできた。

「ちょっと……悩ましい状況でね。ひょっとすると、警察を敵に回してしまうかも知れないの」

「何故ですか？」

「SESCが警察と、合同捜査を始めるような気がするのよ。そうなると、警察の事情聴取が始まるでしょ。そうなったら、応対話法を教えなければならなくなる。それは、捜査妨害になりかねないでしょう」

「それは、藤堂弁護士に任せたらいいんじゃないですか？」

「藤堂弁護士が応対話法の指導なんてするかしら？　警察に圧力をかけるとか、木で鼻を括ったような否認や、黙秘権の行使なんかを指導するんじゃないかしら」

「それは、それで、仕方ないじゃないですか。我々は、我々のできる範囲で最善を尽くす。捜査の矛先を逸らすことは、決して悪いことではないと思いますよ。より大きな獲物を警察に与えることになれば、むしろ協力とも言えると思います」

沙希は穂積の言葉に、ハッと我に返った。

「分かったわ。尾張市民病院院長とメディマの写真、ＳＥＳＣに送りましょう」

「もう、告発文と写真を封入してあります。後は投函するだけです」

「は、早いわね！」

「いつも沙希さんに、尻をひっぱたかれてますから。僕だって少しは成長しますよ」

沙希は「そうね」と言いながら、成長した我が子を見るように、温かい気持ちで穂積を見つめた。


十一月の中旬。赤松院長の要請で、沙希は愛知女子医大病院を訪れることになった。

遅刻は絶対にしない主義の沙希は、約束の午後三時よりも早く到着した。そこで、三十分間ほどを、病院の中庭で過ごすことにした。

中庭を一周して玄関脇のベンチに腰を下ろすと、老爺が乗った車椅子を押す中年の女性が見えた。かいがいしく世話をする様子から、おそらくは父娘なのだろうと沙希は思った。

養父・蔵ノ介に対しても、こんなふうにしてやりたかったな……。沙希は感傷にひたりながら、ゆったりした気持ちで、花びらを落としかけた薔薇を眺めていた。

すると突然、静寂が破られた。

「あっ！　橘先生、お早いですね！」

振り返ると赤松院長だった。

その横には、エラの張った大顔の老人が立っていた。

「橘先生、こちらは藤堂先生です」

紹介された藤堂は、ニコリともせずに、睨むような目を向けてきた。

「あっ、ＤＣＢの橘と申します」

沙希は急いで名刺を取り出して、おじぎをしながら藤堂の前に差し出した。

すると藤堂は、それを片手で受け取った。

「あんたが橘さんか。また、何でここにいるんだね？」

赤松が慌てて口を挟んだ。

「藤堂先生、私がお願いしたんです。ご相談があって」

「何を相談するんですか？　院長。まさか金満さんの件じゃないでしょうね？」

「そうなんですが……マスコミ対策のことだけ、ご相談するつもりです」

「ほう、マスコミ対策？　取材でも来ているんですか？」

「いえ、まだですが、今のうちから準備しておきたくて」

「それも、そうですな。マスコミに叩かれたら、橘さん、あんたの責任ですよ。しっかり、やってもらわんとね」

「はい、承知しました。最善を尽くします」

「最善を尽くす？　もう、逃げ場の用意かね？　まあ、いい。とにかく、私の仕事の邪魔だけはしないでくれ。以前のように」

沙希は呆れて言葉が出なかった。内村良子の自殺の件では、邪魔をするどころか、藤堂を救ったという認識だったからだ。

気まずい雰囲気が漂う中、黒塗りの車が玄関に横付けされると、赤松院長が藤堂に声をかけた。

「藤堂先生、お車が到着致しました」

車に乗り込んだ藤堂は、窓を開けることはおろか、一瞥さえもくれずに去って行った。


院長室に入ると、いきなり赤松は深々と頭を下げた。

「橘先生、遠方よりご足労頂きながら、また不愉快な思いをさせてしまいました。本当に申し訳ございません」

「いえいえ。それは、院長先生にお詫びして頂くことではありませんし、不愉快でもありません。むしろ、私が玄関脇に座っていたのが悪かったんです」

「あの方は、橘先生が怖いんだと思いますよ。だから、あんな態度を取るんでしょう」

「いえいえ、私は元はと言えば警察官で、しかも刑事畑でした。刑事事件においては、警察と弁護士は対立関係にあります。それが根底にあるんじゃないでしょうか」

「そう、ですか……？　あの方は、元検察官ですから、警察とは同盟関係じゃないですか。私には敵視する意味が分かりません」

「人によりますが、検察官の中には、警察を下請けのように思っている方がいます。実際、書類送検したものを、突き返されることもありますので。だから、警察のOBである私を、生意気だと感じていらっしゃるのかも知れませんね。それよりも、さっそく……」

沙希は話題を変えることを暗に促した。

すると赤松は、眉根を寄せて話し始めた。

「先ほど藤堂弁護士から、恐ろしいことを言われました。金満の奥さんが逮捕される可能性があると。金満も同席していたんですが、震え上がっていました。金満の両親は、老衰と認知症で寝たきり状態で、奥さんが一人で介護しているからです」

「確かに……、可能性がゼロとは言えません。実際に、奥さんの口座で売買したんですから。しかし、その確率は低いと私は思います。メディマと接点がある、すなわちインサイダー情報を得たのは、金満さん本人ですから」

「しかし、藤堂弁護士が……そうおっしゃっていましたので……」

沙希は一瞬の間を置いて言葉を選んだ。

「おそらく、あくまで私の推測ですが、金満さんに供述をさせるための、方便だと思います」

「どういう意味ですか？」

「ＳＥＳＣや警察は、ガンの特効薬の情報を、メディマが医師に漏らしたという供述を、喉から手が出るほど欲しがっている筈です。その供述を金満さんがする代わりに、金満さんの起訴を猶予してもらう。言わば司法取引のようなもの。それが藤堂弁護士の戦略のような気がします」

「えっ⁉　ということはですね、藤堂先生は嘘を言って、金満を脅して供述させようとしているってことですか？」

「ひょっとしたら、既に検察や警察と取引が成立していて、何としても金満さんを説得する必要があったのかも知れません」

「し、しかし、金満は本当に起訴されないんですか？　大丈夫ですか？」

「おそらく、大丈夫でしょう。金満さんの供述調書は、利用するだけですから。情報を漏らしましたという供述を、メディマ側から得るために。切り違え尋問という捜査手法です。インサイダー取引としては、他の医師を起訴するつもりだと思います」

それでも赤松は、怪訝な表情を向けてきた。

「橘先生。先生も同じ戦略がいいと思われますか？」

「いえ！　私は別の戦略をお勧めしたいと思いながら来ました」

「それは、どんな戦略ですか？」

「調書の短所を突く、という戦略です」

「な、なんですか？　長所の短所って？」

「あっ、すみません。供述調書の短所という意味です」

「はぁ？」

赤松は口を開けたまま、目を丸く見開いた。

「院長先生。日本の裁判は調書主義と言われています。近年の司法改革によって、少し変わってはきましたが。したがって、捜査機関は供述調書の説得力を重視します。その結果、筋書きというものを描いて、それに合うような供述調書を作成しようとします」

「ああ、先日の電話でおっしゃっていた筋書きですね！　だから、検察や警察が供述調書を捏造したなんて、時おりニュースになっているんですね」

「そうですね、悲しい話ですが。だから、私はＳＥＳＣや警察の描く筋書きと、違う供述をすることをお勧めしたいですね。ところで、万能製薬の情報は、何か見つかりましたでしょうか？」

「ああ、見つかりました！　株式分割の話はありませんでしたが、ＴＯＢの話があるようです。資本提携している米国の製薬会社から、万能製薬のオーナーに対して、ＴＯＢに応じる意思があるか否か、内々に打診があったようです。ガンの特効薬の発表があって、暫くしてから。今でも打診は続いていると」

沙希は「よしっ！」と叫びそうになるのを抑え、静かに聞いた。

「それは、すごい情報ですね。どこから、お聞きになられたんですか？」

「オーナーは古くからの、私の患者なんです。極秘で教えてくれました。株価がかなり値上がりしたから、売り時かと迷っているとも言ってました。病院が併設された、高級マンションを買うための資金が必要だからと」

「すごいですね！　この情報は使えます。ＴＯＢの価格の多くは、市場価格よりも高く設定されます。より多くの株を買い集めるために。だから、値上がりが確実なインサイダー情報なんです」

「すると、金満はＴＯＢの情報を得て、奥さんの名義で万能製薬の株を買ったと……」

「そうです。そうすれば、ガンの特効薬のインサイダー事件からは外れますから」

「金満は、誰からＴＯＢの情報を得たと供述するんですか？」

「メディマから聞いたと言えば大丈夫です。ご存じのように、卸問屋と製薬会社は一体ですから。当然ながらメディマは、ＴＯＢの情報は知らないので、否定するでしょう」

「それでも、大丈夫なんですか？」

赤松の声は不安げだった。

「インサイダー取引は認めているわけですから、金満さんは捜査機関に対して、正直な印象を与えることができます。ＴＯＢでのインサイダー取引は、よくある話ですので」

「分かりました。金満に選択させましょう。藤堂弁護士の戦略か、橘先生の戦略で行くか」

「そうして下さい。金満さんが藤堂弁護士の戦略を選んでも、私は気にしませんので」

「そう言って頂けると助かります。金満は奥さんの逮捕を恐れていますので……」

「本来ならば金満さんとお会いして、アドバイスを差し上げるべきですが、今回はやめておきます。藤堂弁護士に見られてしまいましたから、これにて失礼します」

そう言い残して、沙希は院長室を後にした。

三日後の午前十時。その日は小雨が降っていた。

沙希が席に着くと同時に、聞き覚えのあるダミ声の電話が入った。

「橘さん、藤堂です。あんたは私に何か恨みでもあるのかね？　私の仕事の邪魔はするなと言った筈だ。何で金満部長に嘘を言えなんて、馬鹿な提案をしたんだ。嘘の供述をさせるなんて、捜査妨害以外の何ものでもない。それでもあんたは、元警察官僚かね？　今度こそ許さないから、覚悟して待っていなさい！」

一方的に言いたいことだけ言い放つと、藤堂はガチャンと電話を切った。

金満が藤堂の戦略を選択することは予測していたが、沙希が示した戦略の内容まで話すとは思っていなかった。

——寒い話だ。弱くて臆病な人間は、どこまでも卑怯なんだ……。

これから起きることよりも、助けようとした人間に裏切られたことで、沙希の気持ちは暗くなった。

その翌日の夕方。沙希はＤＣＢ社の岡本社長から、社長室に来るように言われた。

——社長室とは珍しいな。

これまでは応接室に呼ばれるか、沙希の席に出向いて来ることが多かった。入社してから数度入室したことはあったが、いずれも短時間だったため、部屋の記憶は薄かった。

ノックして入室すると、ムッとする煙草の臭いと、既視感に襲われた。壁一面に感謝状と社長の写真が飾られ、机の横には日の丸国旗が飾られている。まるで、警察の署長室だったからだ。

促されてソファーに座ると、赤ら顔の社長は不機嫌そうに口を開いた。

「橘くん。今日は君に苦言を呈するために来てもらった」

その一言を聞いて、沙希は全てを悟った。

「愛知女子医大病院の件ですね……」

「そうだ。愛知県警の本部長から、直々に電話が入った。愛知県弁護士会の会長から、君が捜査の妨害をしようとしているという情報を得たと」

「すみません。それは……その、愛知女子医大病院を守るために――」

「な、何！　では本当なのかね？　嘘の供述をさせようとした、というのは！」

「本当です。しかし、社長。弁護士でも嘘の供述を勧めることはあります。殺意があっても、無かったと主張するようにと」

「殺意の有無なんて、心の中の話だから証拠は無い。君が指南したＴＯＢの話は、全くの作り話だから、証拠まで捏造することになるぞ」

「その通りです。しかし、インサイダー取引の状況証拠が揃い過ぎていて、救う手立てが他には無いと思ったんです」

「そうは言っても、捜査妨害はいかんだろう。我が社の収益の柱は警備で、その警備には警察の協力が不可欠。そんなことは、言わんでも分かるだろう」

沙希は返す言葉を失った。ＤＣＢ社に居ては、警察や検察からクライアントを守れない。そんな宿命に気付いてしまった。

「本部長は言っていたよ。愛知女子医大病院ではなくて、どこかの公立病院を狙っていると。だから、警察の捜査に協力して、代わりにクライアントの起訴を見送ってもらう。言わば司法取引のようなもの。それが、我が社が行うべきコンサルじゃないか」

「分かりました、社長。二度と捜査妨害は致しませんし、愛知女子医大病院の件については、少し距離を置くようにします。ところで、公立病院を狙っている、とおっしゃいましたが……」

「詳しくは聞かなかったが、公立病院の院長も同じ製薬会社の株で儲けたらしい。ゴルフの接待を受けた証拠もあるから、引っ張ることもできると言っていた」

「そこまで話してくれたんですか？」

「当然だろ。私も愛知県警の本部長だったんだから。今の本部長の十代ほど前だがね」

「えっ！　では、名古屋高検の検事長をされていた、藤堂弁護士ともお知り合いですか？」

「もちろん知ってる。本部長に情報を入れた弁護士会の会長とは、藤堂弁護士のことだ。私が本部長をしていた頃の、名古屋高検の検事長でもある。雲の上の存在だったたし、嫌な人物だったから、交流は一切無いがね」

沙希はホッと胸を撫で下ろした。社長の言ったコンサルの内容が、藤堂弁護士と全く同じだったため、裏で繋がっていることを懸念した。しかし、社長と自分の手法が、本質的に違うことも思い知らされた。

沙希は絶望的な気持ちで社長室を後にした。


あれから一か月。沙希が自ら赤松院長に連絡することは無く、赤松からも連絡は無かった。気掛かりだったが、『便りの無いのは良い便り』と沙希は思うようにしていた。

ところが、師走の慌ただしさに苛《さいな》まれる沙希のもとに、追い討ちをかけるような話が舞い込んできた。愛知女子医大病院に、毎朝新聞から取材が入ったという知らせだ。

赤松は、いつもにも増して取り乱していた。

「た、橘先生！　大変です。緊急事態です。どうしたらいいか、全く分かりません」

「どうなさったんですか？」

「ま、毎朝新聞から、うちの外科部長に取材したいと……」

「内科部長の金満さんじゃなくて、ですか？」

「違います。外科の切石です」

初めて聞く名前だ。

「何の件での取材ですか？」

「電話を受けた事務長は、製薬会社の株の件だと」

「ええっ！　外科部長も買っていたんですか？」

「私も初めて知りました！　先ほど問い詰めたら、金満と同じように、金も借りていたと……」

沙希は悔やんだ。危機管理の定石として、事実は水平・垂直すなわち、『他には無いか、過去には無いか』と調べなければならない。しかし、藤堂弁護士への遠慮から、深い関与を避けるために、怠ってしまったのだ。

無言のままの沙希に、赤松は更に深刻な話を伝えてきた。

「橘先生。切石部長は株を売買した時点では、公立の病院に勤務していました。すなわち、公務員だったんです。私がスカウトして、この十月から外科部長に就任したばかりです。だから、全く疑いもしなかったんです」

「公務員ですか……」

「そ、そうなんです。だから、贈収賄になってしまうかと。それにしても、毎朝新聞には、どこから漏れたんでしょうか？　監督署が来た時には、まだ彼はいませんので、そのルートではないですよね」

「おそらく、警察です。藤堂弁護士と内々に司法取引した手前、着手するための口実、というか既成事実が必要になったのでしょう。マスコミが報道したから、切石部長への捜査は避けられないと弁明するための。あるいは、金満部長も含め書類送検するつもりかも知れません。公平感を保つために」

「えっ！　司法取引したのに、ですか⁉」

「切石部長の登場とマスコミ報道で、状況が変わったというような理屈を持ち出してくるかも知れません。もしくは、非公式な司法取引で、取引が成立したと藤堂弁護士が思い込んでいる可能性もあります」

今度は、赤松が言葉を失った。そして、暫くしてからポツリと呟いた。

「そうなったら……病院も私も終わりですね」

沙希は慰める言葉が浮かんでこなかった。

すると赤松が、しみじみとした口調で言った。

「橘先生の案でいけば良かった……」

「いえ。それは結果論です。切石部長の話が出てこなければ、うまくいっていた可能性もありますから。今は過去を振り返るよりも、毎朝新聞への対応を考えましょう」

「警察が情報源なら、何も隠せないいんじゃないですか？」

「その通りですが、出すコメント次第で読者の印象は変わります」

「ふぅー。出すコメントですか……。どんなことを言えばいいんでしょう？」

「罪を憎み、公益性を念頭に置いた言葉を出すべきです」

「はぁー。公益性ですか……」

その声からは、全く気力が感じられなかった。既に全てを、諦めてしまっているようにも感じられた。

「彼は病院にとって大切な人材だとか言って、私益を語らない。以前の職場での出来事なので、と言って御社いや病院の私益を守ろうとしない。そこが重要です」

赤松は「では、何と言えばいいんですか？」と投げやりに聞いてきた。

それでも、沙希は丁寧に答えた。

「コンプライアンスの重要性が叫ばれる中で、誠に恥ずかしい限りです。医療の分野は、公平・公正が生命線です。業者との癒着は医療費の増額を招きかねず、患者さんの不利益にも繋がりかねません。今後は、このような癒着を、徹底的に排除していきます。そんな内容が望ましいと思います」

「そうですか……。先生、忘れてしまいそうなので、今の文章を送って頂けませんか？　ファックスかメールで。最後に、私が責任を取って院長を退くことも加えて」

「えっ！　辞任されるんですか？」

すると、「それしか無いでしょう。病院を守るためには……」と、赤松は力ない口調で語った。

沙希は慰留したかったが、それが最善の策だとも思った。早い段階での辞任の表明は、起こした問題を解毒する切り札だからだ。


その夜、沙希は自宅で赤松に送るコメント案を作成した。同時に、自分自身の退職願も書き上げた。

年が明けると、ＳＥＳＣと愛知県警は合同で、万能製薬を舞台としたインサイダー取引を書類送検した。送検されたのは、愛知女子医大病院の内科部長と外科部長に加え、尾張市民病院の院長など、総勢十余人に上った。

その記事をスクープした毎朝新聞を、穂積が沙希の席に届けに来た。

「沙希さん。何と言ったらいいか……、これは我が社の敗北なんですかねぇ？」

「いいえ、違うわ。私の敗北……というか、私の責任よ」

「何で沙希さんの責任なんですか？」

「赤松院長に、水平・垂直に調べることをアドバイスしなかったからよ」

「でも、沙希さんの進言通りに、ＴＯＢの情報で供述していれば……」

「それで金満さんは助かったかも知れないけど、切石さんは助けられなかったと思うの。贈収賄で逮捕すると脅されて、認めてしまう可能性が高いから」

「うーん。しかし、金満さんがメディィマから情報を貰ったと供述しなければ、立件できなかった可能性もありますよね。メディィマ側は認めなかったでしょうから」

「そんなタラレバは、危機管理においては通用しないわ。結果責任なのよ。だから、私も責任を取って退職願を提出するわ。赤松院長も辞任されたことだし」

「えっー！　な、何を言い出すんですか⁉　冗談はやめて下さいよ！」

「本当なの、穂積くん。決心したの。貴方が成長したから、後はお任せできると思ったの。だから、もう、それ以上は言わないで」

「嫌ですよ！　沙希さんが辞めるんなら、僕も一緒に辞めます！」

「そんな、ダダをこねないでよ。子供みたいに。貴方まで辞めたら、二人で苦労して育ててきたコンサル事業が、消滅してしまうでしょ」

穂積は首を横に振りながら、目を赤くして、無言のまま見つめてきた。

「辞めて……どうされるんですか？」

「先日父の紹介で、これから新規上場する企業のトップに会ったの。まだ迷っているけど、そこへ転職する可能性が一番高いかな。独立も考えたけど、ＤＣＢの競合になってしまうから……」

「えっ！　どんな会社なんですか？」

「ほら、マスコミにも時々取り上げられている、電気自動車の会社」

「へぇー！　今度は、企業の危機管理を直接やるんですか？」

「そうね。次世代を担う耐久消費財を扱う新規上場企業だから、危機管理のデパートだと思うの。そのほうが全力投球できる気がするし」

すると、穂積の表情が俄《にわ》かに明るくなった。

「沙希さん。僕も間接的に行うコンサルよりも、自ら行う難しい危機管理のほうに興味があります。もう少しＤＣＢで経験を積んだら、僕を受け入れて下さい。その約束をしてくれるのなら、沙希さんの退職を受け入れます」

沙希は穂積の変わり身の早さに驚いたが、穂積らしいとも思った。全てを前向きに捉え、意を決したら全力で突っ走る。そんな穂積と、いつかまた一緒に仕事をしたいと思ったのであった。

あとがき

　私が危機管理に深く関わり始めたのは大学三年生の時です。「就職活動のプラスになるだろう」という理由で、父の仕事を手伝うことにしました。「学生時代に危機管理のアルバイトをした」とエントリーシートに書きたかったからです。その結果なのか、就職できた時計メーカーで最初に配属されたのが、お客様相談室という危機管理が重要な部署でした。その後、広報部に異動し、やはり危機管理に携わりました。この職歴によって、私は徐々に危機管理に興味を持ち始め、入社五年目の秋に父の会社へ転職しました。

　リスク・ヘッジに入社してコンサルの記録係をしてみると、父がクライアントに話す内容は全く聞いたことのない物語のようで、展開の予測や解決策を次々と示していく姿に私は更に興味を持つと同時に、疑問を抱くようになりました。「この論拠は何なのか？」と。

　そこで私は父の書いた「克危論」を、徹底的に読んでみることにしました。しかし、それはノウハウが凝縮して詰め込んであるものの、お世辞にも面白いとは言えない代物でした。

　そんな時に父から、「危機管理の小説を書き始めたから、読んで感想を聞かせてくれ」と言われました。小説が好きな私は、読み始めた途端、何と言葉にすればよいか悩んでしまいました。それは小説では無く、ドキュメンタリー番組のナレーションのような説明調のものだったからです。私は正直に「これは小説とはいえないよ」と伝えました。すると父は苛立った表情で、「それならお前が書きなさい！」と業務命令を出してきたのです。読むのは好きな私も、書くことについては初の挑戦。戸惑った私は父に頼んでみました。「誰か小説や出版に詳しい人に会わせて欲しい」と。

　すると父は、大手出版社の幹部の方を紹介してくれました。その方は懇切丁寧に教えてくれると同時に、私に一冊の本を手渡してくれました。大沢在昌先生の小説講座の本です。

　そもそも題材は「克危論」の中に揃っている。父に聞けば、ストーリーは次から次に生まれてくるだろう。その上、この本と出会った。それらが、私の背中を押してくれました。

　案の定、父は「克危論」の中にある二十八章の中から八章を選んで、それぞれA４一枚の粗筋を書いてくれました。それは近年頻繁に発生している危機をテーマにしており、しかも解決策は記録してきたコンサルそのものです。私には、場面や情景が手に取るように浮かんできました。

「それならやってみよう」、それが私の思いでした。常日頃から父は、「危機管理は理論と疑似体験が大切」と、コンサルの場で言い続けています。であれば、小説による危機管理の疑似体験も、読者の役に立つかも知れない。そんな思いを抱きながら、執筆に取り掛かることに致しました。

　でき上がった小説を、最終的に全国紙の幹部の方に見て頂いたところ、約百項目もの修正点をご指摘頂きました。それを一つ一つ手直し致しましたが、疑念は尽きることがありません。そんな時に、最初にご指導頂いた大手出版社の幹部の方から、「原稿の修正は際限のない作業です。手を加えすぎると良さまで失いかねません」と言われ、筆を擱《お》くことにしました。拙著が危機管理のマニュアル小説になることを願いつつ。

株式会社リスク・ヘッジ　田中優介

スキャンダル除染請負人《じょせんうけおいにん》
疑似体験《ぎじたいけん》ノベル危機管理《ききかんり》

2018年 6月20日　第一刷発行

著者　田中優介《たなかゆうすけ》　田中辰巳《たなかたつみ》
発行者　長坂嘉昭
発行所　株式会社プレジデント社
〒102－8641
東京都千代田区平河町2－16－1
平河町森タワー13階
http://president.jp
http://str.president.co.jp/str/
電話　編集 (03)3237－3732
販売 (03)3237－3731

装幀　岡 孝治
編集　桂木栄一
制作　関 結香
販売　高橋徹　川井田美景　森田巌
遠藤真知子　末吉秀樹
印刷・製本　凸版印刷株式会社

落丁・乱丁本はおとりかえいたします。

ISBN978-4-8334-2269-7 Printed in Japan

著者略歴

田中優介(Yusuke Tanaka)

1987年東京都生まれ。明治大学法学部法律学科を卒業。2010年セイコーウオッチ（株）入社、お客様相談室、広報部などの危機管理にまつわる部署にて従事した後、2014年退社。同年（株）リスク・ヘッジ入社、解説部長、教育事業本部長を経て、現在は代表取締役専務として同社の経営の中枢を担っている。

監修者略歴

田中辰巳(Tatsumi Tanaka)

1953年愛知県生まれ。慶應義塾大学法学部卒業。1977年アイシン精機（株）入社後、1983年（株）リクルートに転じ、秘書課長、広報課長、総務部次長、業務部長を経て、1994年同社を退社。翌年（株）ノエビア入社、宣伝部長、社長室長を経て1997年同社を退社。同年（株）リスク・ヘッジを設立。危機管理のコンサルタントとして企業の支援をする傍ら、中央省庁の管理職向けに研修を行う。著書に『企業危機管理実戦論』（文春新書）や『そんな謝罪では会社が危ない』（文春文庫）がある。